mentor Lernhilfe

Latein

3./4. Lernjahr

Satzbau mit System

Gerhard Metzger
Hedwig Rehn

Mit ausführlichem Lösungsteil zum Heraustrennen

Special: Lerntipps!

Über die Autoren:

Gerhard Metzger: Studiendirektor, Kollegstufenbetreuer für Latein, Lehrer am Gymnasium

Hedwig Rehn: Studiendirektorin, Lehrerin am Gymnasium

Lerntipps:
Hedwig Rehn

Redaktion: Elisabeth Güll, Jana Liedgens

Illustrationen: Margarethe Rief, Obersöchering

Layout: Barbara Slowik, München

Umschlaggestaltung: büro schels für gestaltung, München

Umwelthinweis: Gedruckt auf chlorfrei gebleichtem Papier.

Auflage:	7.	6.	5.	4.	3.	Letzte Zahlen
Jahr:	07	06	05	04	03	maßgeblich

Satz/Repro: OK Satz GmbH, München
Druck: Landesverlag Druckservice, Linz
Printed in Austria · ISBN 3-580-63592-1

Inhalt

Carissima amica, carissime amice,

Vorwort

du bist vielleicht bisher recht enttäuscht vom Latein. Es macht viel Mühe, und der Erfolg ist gering, so meinst du. Dass du dieses Buch gekauft hast, ist aber schon ein gutes Zeichen, das heißt, du willst es noch einmal probieren.

Wie dieses Buch aufgebaut ist:

Wir haben uns überlegt, wie wir dir die Arbeit so weit wie möglich erleichtern. Du findest in diesem Buch die gesamte lateinische Satzlehre, und wenn du das Buch durchgearbeitet hast, solltest du so viel gelernt haben, dass es dir Spaß macht, auch die längsten lateinischen Sätze aufzuknüpfen.
Wir haben uns bemüht, überwiegend lateinische Originalsätze zu bieten, und zwar zu jedem Abschnitt eine große Auswahl. Erschrick nicht, wir geben meist die Übersetzung mit an! Wir wollten dir aber kein vereinfachtes Latein zumuten; so bekommst du Sicherheit und einen Überblick über die verschiedenen sprachlichen Erscheinungen.
Daneben gibt es natürlich eine Menge Regeln und viel Übungsstoff, das ist klar. Doch jeden Schritt zeigen wir dir ganz genau, so dass daraus für dich ein Fortschritt wird.
Als Arbeitsmittel brauchst du eigentlich nur einen Stift und etwas Papier. Die meisten Übungen kannst du jedoch in dieses Buch selbst eintragen. Ein größeres lateinisches Lexikon wirst du vielleicht schon haben; um dieses Buch zu bearbeiten, ist es nicht unbedingt nötig, weil alle Wörter im Vokabelverzeichnis am Ende zu finden sind.

Wie du dieses Buch benutzen kannst:

Zur leichteren Orientierung findest du am Rand der Seite Hinweise, wie du dich auf die Arbeit einstellen sollst.

Da gibt es:

Beispiele

An lateinischen Sätzen zeigen wir dir das jeweilige Grammatikproblem. Du sollst diese Sätze aufmerksam durchlesen und einen Blick für die entsprechende Formulierung bekommen.

Übungen

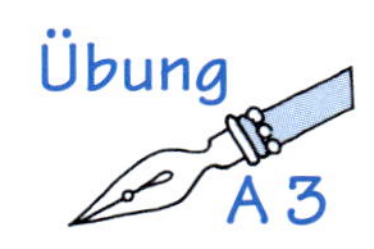

Hier musst du übersetzen, ausfüllen, unterstreichen u. Ä., um dir selbst zu beweisen, dass du den Stoff beherrschst.

Regeln

Ohne die geht es leider nicht! Also gut einprägen!

...

besondere Ausdrücke und wichtige Sätze zum Merken

In jeder Sprache gibt es idiomatische Ausdrücke, d. h. Formulierungen, die sich nicht immer wörtlich übersetzen lassen. Gerade die Lehre von den Fällen, mit denen wir uns in diesem Buch besonders beschäftigen, zeigt diese Besonderheiten auf.

Wir haben die häufigsten dieser Ausdrücke in einen Kasten gesetzt.

Wie sollst du nun damit umgehen?

Einfaches Auswendiglernen bringt nicht viel. Am besten ist es, diese Ausdrücke zunächst mehrmals zu lesen und dann so eine Art Wiedererkennungsspiel damit zu betreiben: Immer, wenn dir so ein Ausdruck in unseren Texten oder in anderer Lektüre begegnet, sollst du dich an unseren Kasten erinnern und die entsprechende Übersetzung nachschauen.

Und jetzt kann's losgehen!

Übrigens: Wenn du dir Gedanken darüber machst, woher deine Schwierigkeiten mit dem Lateinischen eigentlich kommen, dann solltest du die Lerntipps am Ende dieses Buches gründlich studieren. Dort findest du Hilfestellungen und Anregungen, die über die konkreten Übungen dieses Buches hinausgehen.

Aber nun auf zur Satzlehre, also *age* – auf geht's!

Hedwig Rehn Gerhard Metzger

Der einfache Aussagesatz

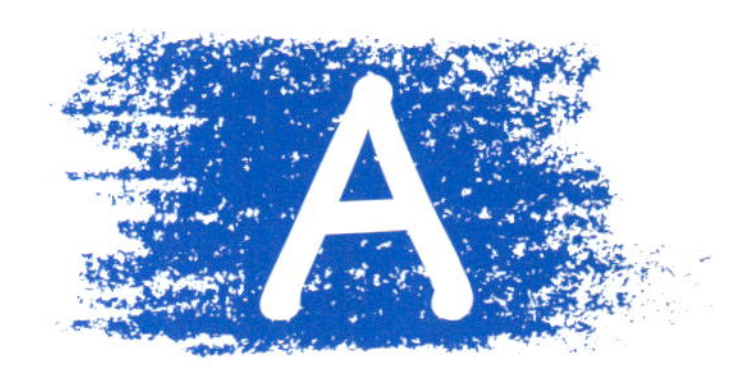

1. Satzmodell: Subjekt und Prädikat

Quot homines, tot sententiae.
Wie viele Menschen, so viele Sätze,

sagte Cicero einmal und meint damit, dass die Menschen unzählige verschiedene Meinungen vertreten. Und ihre Meinungen und Ansichten drücken sie eben in Sätzen aus. Der eine versteht den anderen nur deshalb, weil die Menschen nach Satzmodellen sprechen, die allen bekannt sind. Diese Modelle oder Baupläne der Sätze sind erstaunlich einfach, und wenn du den Bauplan kennst, bereiten dir auch lange und scheinbar verwirrende Sätze keine Schwierigkeiten mehr.
Schauen wir uns einige lateinische Sätze an! Versuchen wir herauszubringen, wie sie eigentlich gebaut sind!

Beispiele

Femina deliberat.
Die Frau denkt nach.

Avus ambulat.
Der Großvater geht spazieren.

Servi laborant.
Die Sklaven arbeiten.

Equi currunt.
Die Pferde laufen.

Was stellst du fest?
Alle diese Sätze bestehen wie im Deutschen auch im Lateinischen aus einem Subjekt und einem Prädikat.
Das erste Satzmodell sieht also so aus:

Subj. ← Präd.

Hast du bemerkt, dass die Verben der Beispielsätze außer dem Subjekt keine weitere Ergänzung brauchen?

Nach diesem Satzmodell sind die 5. und 6. Strophe eines bekannten Trinkliedes aus den Carmina Burana gebaut:

Beispiel

Bibit hera bibit herus. bi
bit miles bibit clerus · bibit ille bibit illa. bibit servus cū
ancilla. bibit velox bibit piger. bibit alb. bibit niger: bibit
constans bibit vagus. bibit rudis bibit magus. Bibit paup.
⁊ egrotus. bibit exul ⁊ ignotus. bibit puer bibit canus. bibit
presul ⁊ decanus. bibit soror bibit frater. bibit anus bibit mat.
bibit ista bibit ille: bibunt centum bibunt mille:

5. *Bibit hera bibit herus*	5. Es trinkt das Weib, es trinkt der Mann,
bibit miles bibit clerus	es trinkt der Krieger, trinkt der Pfaffe,
bibit ille bibit illa	es trinkt ein Er und eine Sie,
bibit servus cum ancilla	es trinkt der Knecht, es trinkt die Magd,
bibit velox bibit piger	es trinkt der Flinke, trinkt der Faule,
bibit albus bibit niger	es trinkt der Gute, trinkt der Böse,
bibit constans bibit vagus	es trinkt der Stete, Launenhafte,
bibit rudis bibit magus	es trinkt der Tölpel, trinkt der Weise,
6. *Bibit pauper et egrotus*	6. es trinkt der Arme und der Kranke,
bibit exul et ignotus	es trinkt der Fremde, Unbekannte,
bibit puer bibit canus	es trinkt die Jugend, trinkt das Alter,
bibit presul et decanus	es trinkt der Bischof, der Dekan,
bibit soror bibit frater	es trinkt die Schwester, trinkt der Bruder,
bibit anus bibit mater	es trinkt die Ahne, trinkt die Mutter,
bibit ista bibit ille	es trinkt diese, es trinkt jener,
bibunt centum bibunt mille	es trinken hundert, trinken tausend!

Die Carmina Burana sind lateinische und deutsche Lieder aus dem Mittelalter, aufgezeichnet in einer Handschrift aus dem Kloster Benediktbeuren. Vielleicht kennst du die Vertonung dieser Lieder von Carl Orff.

2. Personalendungen beim Verb

vides

Subjekt + Prädikat

Beispiel

Du siehst, dass die Personalendung – hier der Laut *s* – die Kraft hat, einen vollständigen Satz zu bilden: Das Subjekt *du* ist in der Endung versteckt.

Damit du die Signale für diese versteckten Subjekte erkennst, solltest du die Personalendungen wiederholen:

Singular				
1. Person	ich	*o + m*	*i*	*or*
2. Person	du	*s*	*isti*	*ris*
3. Person	er / sie / es	*t*		*tur*
Plural				
1. Person	wir	*mus*		*mur*
2. Person	ihr	*tis*	*istis*	*mini*
3. Person	sie	*nt*		*ntur*

Folgende Verbformen sollst du in die Tabelle schreiben, ohne sie zu übersetzen. Achte dabei auf die Signale:
audivimus – clamo – consentiunt – dixi – dixit – fateor – fuisti – inquit – laudaris – loquimur – narrabamus – queritur – respondistis – pollicemini – rogarent – mentiuntur – sum – vocas – tacetis

ich	
du	
er/sie/es	
wir	
ihr	
sie	

Achte also genau auf die Endungen! Das war schon immer wichtig, so meint es auch der römische Rechtsgrundsatz:

Beispiel | *Qui cadit a syllaba, cadit a toto.*
Wer bei einer Silbe hinfällt, fällt aus dem ganzen Text heraus.

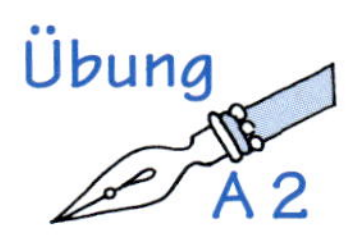

Verbwiederholung

Du hast dich vielleicht bisher an mehrere Verben erinnert; wenn du in die folgende Tabelle die Stammformen – mithilfe des Vokabelverzeichnisses am Ende des Buches – einträgst und mehrfach durchliest, tust du wieder etwas zur Aktivierung deines Wortspeichers:

audire	audio	________	________	________
bibere	bibo	________		________
cadere	cado	________	________	________
consentire	consentio	________	________	________
currere	curro	________		________
dicere	dico	________	________	________
fateri	fateor	________	________	________
gemere	gemo	________		________
loqui	loquor	________		________
mentiri	mentior	________		________
polliceri	polliceor	________		________
queri	queror	________		________
respondēre	respondeo	________	________	________
tacēre	taceo	________		________

Hiermit hast du eine Menge schwieriger unregelmäßiger Verben aus dem Wortfeld „reden" wiederholt.

Die Objekte

Satzmodell: | Subjekt | + | Objekt | + | Prädikat |

Der Satz ist um eine Stelle erweitert, nämlich durch das Objekt. Der Name sagt schon, dass die Handlung des Satzes ein **Ziel** hat, sie richtet sich auf ein **Gegenüber**. Die kürzeste Entfernung zu diesem Ziel drückt der **Akkusativ** aus. Deshalb betrachten wir zuerst den Akkusativ als direktes Objekt.

1. Der Akkusativ als direktes Objekt

Der Akkusativ zeigt, **wen** ich anklage (von *accusare* = anklagen), liebe, verletze usw.

…, **was** ich sehe, bearbeite, habe usw.

Beispiele

Caesar Galliam subiecit.
Cäsar unterwarf Gallien.

Amici me non vident.
Die Freunde sehen mich nicht.

Convivae cibos edunt.
Die Gäste essen die Speisen.

Diese Sätze bestehen aus einem Subjekt, einem Objekt im Akkusativ und dem Prädikat.

Nun geht es wieder um die Signale. Um ein Akkusativobjekt sicher zu ermitteln, musst du die Endungen erkennen, also einen Wiederholungsabstecher in die Formenlehre machen.

Vorher aber sollst du sehen, wie stark die Betonung auf diesem Akkusativobjekt ist: In den romanischen Sprachen haben sich die jetzigen Nominativformen aus dem Akkusativ entwickelt, also das italienische *padre* aus *patrem*, *amore* aus *amorem*, *città* aus *civitatem* oder das spanische *los amigos* = die Freunde.

Schau aus dem Fenster und überlege, was du alles sehen kannst (und übersetze):
Video …
… viam/vias, virum/viros, tectum/tecta, currum/currus, hominem/homines, sidus/sidera, faciem/facies.

Trage die Akkusativendungen in die Tabelle ein:

a-Deklination *(via)*	o-Dekl. *(vir)*	o-Dekl. neutrum *(tectum)*	u-Dekl. *(currus)*
Singular:			
Plural:			

e-Dekl. *(facies)*	konsonantische Dekl. *(homo)*	kons. Dekl. neutrum *(sidus)*
Singular:		
Plural:		

Damit hast du alle Signale für das Akkusativobjekt auf einen Blick.

Unterstreiche in folgender Fabel alle Akkusativobjekte und trage sie übersetzt in den deutschen Text ein. Dann wirst du sehen, was die Frau mit der armen Henne gemacht hat.

Die Frau und die Henne

Mulier quaedam habuit gallinam,	Eine Frau hatte ____________ ,
quae cottidie ovum pariebat aureum.	die täglich ____________ legte.
Hinc magnam vim auri intus suspicari	Daher begann sie ____________
coepit et gallinam occidit.	Gold innen (in der Henne) zu ver-
	muten und tötete ____________ .
Sed nihil aliud in ea repperit, nisi	Aber sie fand darin ____________ ,
quod in aliis gallinis reperiri solet.	als ____________ man in anderen
	Hennen normalerweise findet.
Itaque mulier maiores opes	Deshalb verlor die Frau, weil sie
concupiscens etiam minores perdidit.	____________ wollte, ____________ .

1.1 Der Akkusativ mit besonderer Übersetzung

Fortes fortuna adiuvat.
Den Tüchtigen hilft das Glück.

Dieses Sprichwort wirst du in folgendem Abschnitt brauchen: Die lateinischen Akkusativobjekte sind nicht immer als solche zu übersetzen. Das siehst du an dem Beispiel: *fortes* = Akkusativ, den tüchtigen (Leuten) = Dativ. Und *fortis* – tapfer, energisch musst du sein, um dir folgende Besonderheiten einzuprägen. Da hilft dir nichts anderes als lernen.

Betrachte zunächst die Übersicht; in diesen Ausdrücken geht die lateinische Sprache das Problem viel direkter an, also im Akkusativ, während die deutsche Umwege mit Dativ oder Präpositionalausdrücken macht:

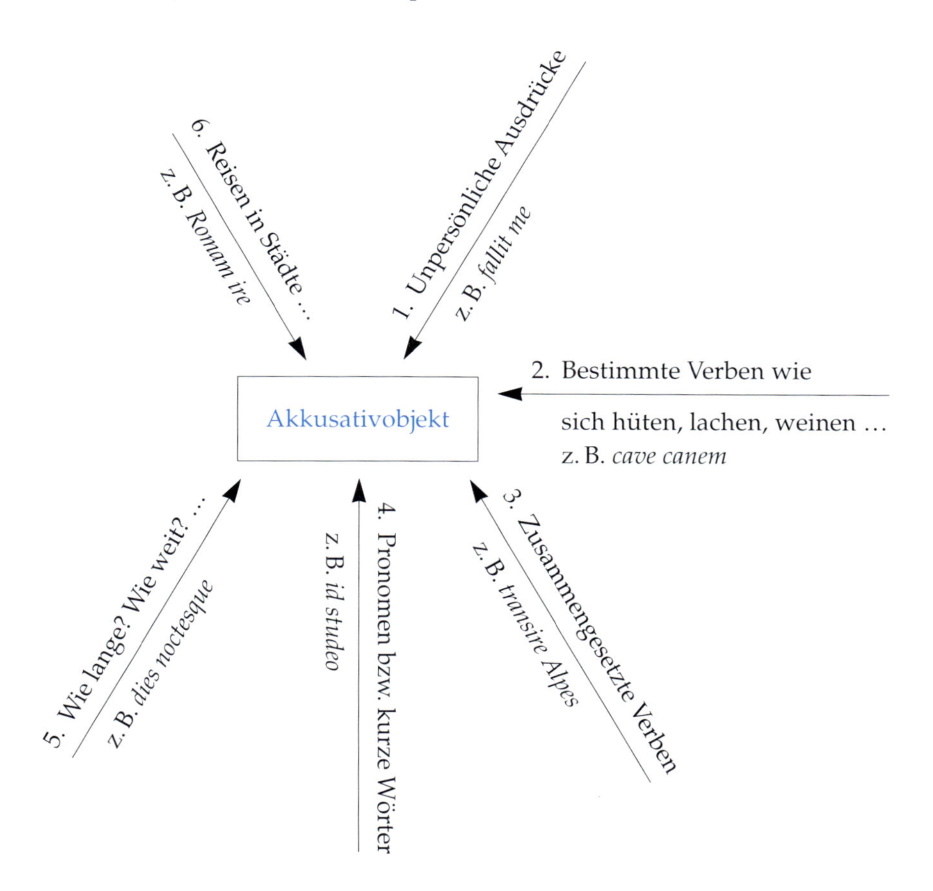

Folgende Verben oder Ausdrücke werden also im Lateinischen und Deutschen unterschiedlich konstruiert:

1. Unpersönliche Ausdrücke

lateinisch:		deutsch:	
decet me	+ **Akk.**	es gehört sich für mich	+ Dativ oder Präpositionalausdruck
fallit me		es entgeht mir	
fugit me		es ist mir unbekannt	
iuvat me		es macht mir Freude	

2. Verben mit direktem Akkusativobjekt

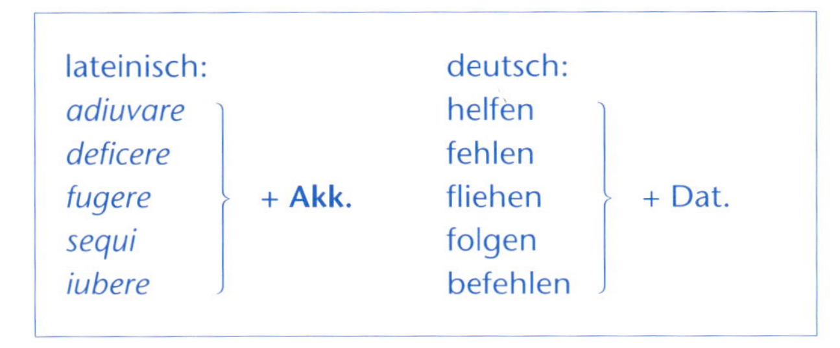

lateinisch:		deutsch:	
adiuvare	+ **Akk.**	helfen	+ Dat.
deficere		fehlen	
fugere		fliehen	
sequi		folgen	
iubere		befehlen	

Beispiele

Caesarem frumentum defecit.
Cäsar ging das Getreide aus.

Desiderium me semper sequetur.
Sehnsucht wird mir immer folgen.

Milites superati hostes fugerunt.
Die besiegten Soldaten entkamen den Feinden.

lateinisch:		deutsch:	
flere, dolere, queri, miserari fortunam	+ **Akk.**	weinen, trauern, klagen, jammern über das Schicksal	+ Präp.-ausdruck
sperare gloriam		auf Anerkennung hoffen	
desperare salutem		an der Rettung verzweifeln	
ridere iocum		lachen über einen Witz	

Nur in wenigen Fällen ist im Deutschen ebenfalls ein Akkusativ erforderlich, meist aber wird mit einer Präposition übersetzt wie z. B. bei *petere*: Wichtig ist hier, dass du dir die Grundbedeutung von *petere* nochmal klarmachst: *petere* = haben wollen, aber noch nicht haben.

auxilium petere	Hilfe suchen
castra petere	zum Lager eilen
hostes petere	die Feinde angreifen
magistratum petere	sich um ein Amt bewerben, den Wahlkampf starten

3. Verben in Zusammensetzung mit Präpositionen

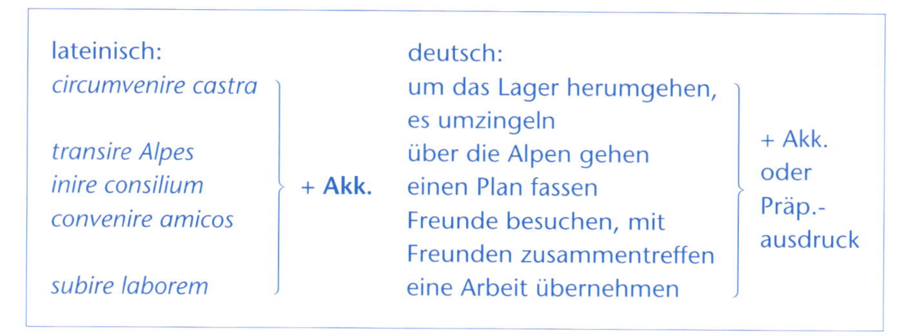

lateinisch:		deutsch:	
circumvenire castra	+ **Akk.**	um das Lager herumgehen, es umzingeln	+ Akk. oder Präp.-ausdruck
transire Alpes		über die Alpen gehen	
inire consilium		einen Plan fassen	
convenire amicos		Freunde besuchen, mit Freunden zusammentreffen	
subire laborem		eine Arbeit übernehmen	

4. Pronomen und Adjektive in adverbialem Akkusativ

Folgende „kleine“ Wörter übersieht man beim Übersetzen oft:

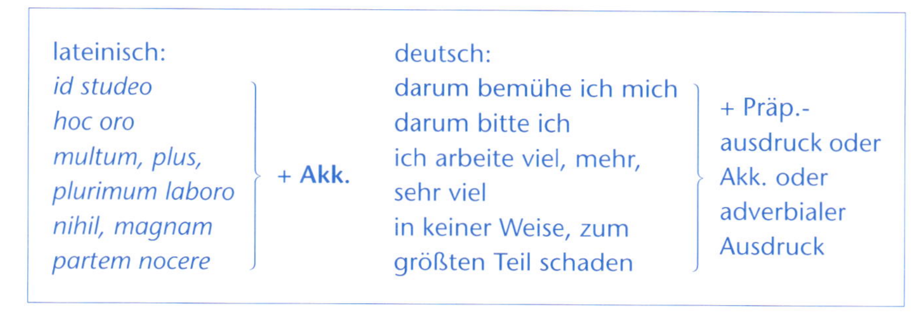

lateinisch:		deutsch:	
id studeo	+ **Akk.**	darum bemühe ich mich	+ Präp.-ausdruck oder Akk. oder adverbialer Ausdruck
hoc oro		darum bitte ich	
multum, plus, plurimum laboro		ich arbeite viel, mehr, sehr viel	
nihil, magnam partem nocere		in keiner Weise, zum größten Teil schaden	

Beispiel

„*Ceterum censeo Carthaginem esse delendam.*“
Außerdem bin ich der Meinung, Karthago müsse zerstört werden.

Das soll Cato der Ältere (234–149 v. Chr.) bei jeder passenden und unpassenden Gelegenheit gesagt haben. Damit setzte er den Krieg gegen Karthago durch.

5. Akkusativ der Ausdehnung in Ort und Zeit – Wie lange? Wie weit? Wie breit? …

Beispiele

Pericles quadraginta annos praefuit Athenis.
Perikles stand 40 Jahre lang an der Spitze Athens.

Nemo biduo septuaginta milia passuum ambulare potest.
Niemand kann an zwei Tagen 70 000 Schritte[1] weit gehen.

Milites aggerem pedes trecentos triginta latum, pedes octoginta altum exstruxerunt.
Die Soldaten errichteten einen 330 Fuß breiten und 80 Fuß hohen Damm.

Subduce cibum unum diem athletae, Iovem Olympium implorabit.
Entziehe einem Sportler das Essen auch nur für einen Tag, er wird den Olympischen Jupiter anflehen.

1 70 000 Schritte = 70 Meilen = ca. 100 km

Auch hier steht im Lateinischen der Akkusativ, im Deutschen dagegen Akkusativ oder ein Präpositionalausdruck.

a) Wie lange arbeitest du schon mit diesem Buch?
Antworte ehrlich und unterstreiche die richtige Zeitangabe:
Laboro dies noctesque, decem horas, unum diem.

b) Wie alt bist du? Setze dein Alter als Zifferangabe ein.
(Der Römer fragt: Wie viele Jahre bist du schon geboren?)

Sum ____________________ annos natus/nata.

6. Reisen in Städte und auf kleine Inseln

Das macht keine Umstände, denn die Präposition *in* wird weggelassen:

lateinisch:		deutsch:	
Romam, Athenas, *Ithacam proficisci* ebenso: *domum venire*	+ **Akk.**	nach Rom, Athen, Ithaka reisen nach Hause kommen	+ Präp.-ausdruck

Damit bist du am Ende mit dem Akkusativobjekt! Deshalb darfst du dich glücklich nennen und kannst dabei den Akkusativ gleich noch einmal verwenden:

O me felicem! Heu me felicem!
Oh, ich Glückliche/r! Ach, ich Glückliche/r!

Vielleicht sagst du aber auch:

Heu nos miseros!
Ach, wir Armen!

Wir müssen nämlich noch die unregelmäßigen Verben dieser Übungseinheit wiederholen. Ergänze die Stammformen:

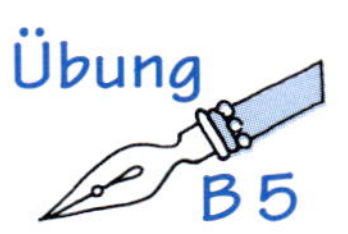

(ad)iuvare	________	________	________	________
delere	________	________	________	________
flere	________	________	________	________
dolere	________	________		________
horrere	________	________		________
iubere	________	________	________	________
ridere	________	________	________	________
venire	________	________	________	________
fallere	________	________		________
fugere	________	________	________	________
proficisci	________	________		________
sequi	________	________	________	________

1.2 Der doppelte Akkusativ

Eine Besonderheit in der lateinischen wie in der deutschen Sprache ist das gedoppelte Akkusativobjekt. Es kommt nur bei wenigen Verben vor, die du dir aber gut merken musst. Im Deutschen ist es bei den Verben „lehren, kosten, nennen“ möglich, z. B.:

Beispiel

Das kann	dich	den Kopf kosten.
	1. Akk.	2. Akk.
Er nannte	ihn	einen Esel.
	1. Akk.	2. Akk.

1. Besondere Verben:

docere
lehren

wird in beiden Sprachen gleich verwendet:

Beispiel

Magister discipulos linguam Latinam docet.
Der Lehrer lehrt die Schüler die lateinische Sprache.
1. Akk. 2. Akk.

Beim Verb „lehren" hört man auch im Deutschen oft Fehler, deshalb sagt man dafür eher: Der Lehrer unterrichtet die Schüler in Latein.
Ähnliche Umschreibungen gebrauchen wir im Deutschen für folgende Verben:

celare
verheimlichen

Beispiel

Medicus mortem regis omnes celavit.
Der Arzt verheimlichte/verschwieg allen den Tod des Königs.

poscere
fordern

Beispiel

Caesar Haeduos frumentum poposcit.
Cäsar forderte Getreide von den Häduern.

2. In Verbindung mit einem Pronomen bei Fragen und Bitten:

Beispiel

Quid me rogas?
Was willst du von mir?[1]

1 wörtl.: Worum bittest du mich?

Eine Ausnahme ist hier nur die formelhafte Aufforderung zum Sprechen in einer Versammlung:
senatorem sententiam rogare

Und wenn er dann mit seiner Rede beginnt, heißt es (Passiv):
Senator sententiam rogatus dixit: …

3. Der zweite Akkusativ als Gleichsetzungsakkusativ oder Prädikatsnomen[2]:

2 vgl. dazu auch das Kap. Prädikatsnomen

Lies folgende Beispielsätze:

Beispiele

Periclem nonnulli cives tyrannum appellaverunt, sed iustum tyrannum.
Perikles nannten einige Bürger einen Tyrannen, aber einen gerechten Tyrannen.

Neminem casus facit bonum.
Keinen macht der Zufall gut.

Scipionem imperatorem creaverunt.
Sie haben Scipio zum Feldherrn gewählt.

Video acerbam semper et immaturam mortem virorum proborum.
Ich sehe den Tod tüchtiger Männer immer als bitter und zu früh an.

Wie man jemanden nennt, wozu man ihn wählt, wie man ihn einschätzt, wird in einem zweiten Akkusativ ausgedrückt. Eine Menge Verben stehen da zur Verfügung und sie sind in dieser Konstruktion sehr häufig, also gut anschauen!

virum consulem facere, creare, dicere	einen Mann zum Konsul machen, wählen, ernennen
virum amicum dicere, existimare, iudicare, putare, ducere, habere	einen Mann als Freund bezeichnen, für einen Freund halten, zum Freund haben
vitam beatam facere, reddere, efficere	das Leben glücklich gestalten
se sapientem praestare, praebere	sich einsichtig zeigen

Eine Besonderheit:

certiorem facere aliquem
wörtlich heißt es: jemanden sicherer machen, also: jdn. benachrichtigen, informieren
Und im Passiv sieht dann der wohl informierte Cäsar so aus:
Caesar de omnibus rebus certior factus

Alle diese Verben können im Passiv verwendet werden, beide Akkusative stehen dann im Nominativ:

Beispiel

Caesar consul creatus est.
Cäsar wurde zum Consul gewählt.

Mehr Beispiele dazu findest du im Abschnitt zum Prädikatsnomen.

Abschlusstest zum Akkusativ

Der folgende Text enthält möglichst viele Akkusativkonstruktionen. Du sollst zunächst nur die unterstrichenen Ausdrücke übersetzen.
Es geht um die sensationelle Entdeckung der Königsgräber in Nordgriechenland: 1977 wurden diese Gräber gefunden, und da sie mehr als 2000 Jahre verschlossen waren, enthielten sie Schätze von großem Wert: Vasen, Schmuck, Waffen, kleinere Figuren, jetzt ausgestellt im Museum von Thessaloniki. Zu Beginn der Grabungen wurde der Öffentlichkeit nicht viel darüber berichtet, um Touristen und Hobbyarchäologen fernzuhalten. Ein Grab gilt als das von Philipp von Makedonien, dem Vater Alexanders des Großen.

Übung B 6

Alexander der Große und sein Vater Philipp

1. Alexandrum magnum nominamus, sed apud Ciceronem legimus Philippum iustiorem se praestitisse.
2. Multa saecula homines docti sepulcrum Philippi regis ignotum arbitrabantur.
3. Ante paucos annos autem hoc sepulcrum repertum est.
4. Primo Graeci illum locum cives celabant, ne visitatores id certiores facti labores perturbarent.
5. Nunc nos iuvat sepulcrum et totum thesaurum in museo expositum videre.
6. Philippus praeclara facinora fecit, sed id miror maxime:
7. Atheniensibus devictis crudelitatem abhorruit et iniuriam militum indignatus est.
8. Philippus nos veram humanitatem docet:
   Servum quendam semper circum se habebat, quem iusserat cottidie exclamare: „Philippe, homo es!"
9. Alexander patrem contemnens sortem questus est. Quam ob rem filius Iovis appellari voluit.

Wenn du alle Ausdrücke richtig übersetzt hast, verstehst du schon das meiste. Die vollständige Übersetzung findest du im Lösungsteil.

Vorübung zu anderen Kasus: Dativ und Genitiv

Bevor du dich nun mit den Objekten in anderen Kasus beschäftigst, solltest du dir wiederum über die Endungen, die Signale der Fälle, einen Überblick verschaffen. Die **Genitiv-, Dativ-** und **Ablativ**endungen sind nicht so leicht zu erkennen wie die Akkusativendungen, viele sind ähnlich; deshalb musst du die Auswahlmöglichkeiten beachten, um Verwechslungen zu vermeiden.

Trage folgende Substantive aus allen Deklinationsgruppen in die Tabelle ein und unterstreiche dann die gleichen Signale; im Satzzusammenhang kann man sie durch Abfragen unterscheiden:
feminae, feminae, femina, feminarum, feminis, feminis, viri, viro, viro, virorum, viris, viris, tecti, tecto, tecto, tectorum, tectis, tectis, rei, rei, re, rerum, rebus, rebus, casus, casui, casu, casuum, casibus, casibus, hominis, homini, homine, hominum, hominibus, hominibus

Genitiv: „wessen?"	**Singular**	**Plural**

Dativ: „wem?"	**Singular**	**Plural**

Ablativ: „wodurch?"	**Singular**	**Plural**

2. Das Dativobjekt

2.1 Das Dativobjekt nach bestimmten Verben

Der Dativ (*dare* = geben) drückt die Zuwendung zu einer Person, seltener zu einer Sache aus: „geben, schenken, nützen, zeigen", aber auch „schaden" kann man jemandem. Diese Verben werden wie im Deutschen mit dem Dativ verbunden und bereiten beim Lernen daher meist keine Schwierigkeiten; es gibt aber einige lateinische Verben, die dagegen ein Dativobjekt verlangen, wo wir im Deutschen den Akkusativ setzen müssen.

Betrachte folgende Sätze und präge dir dann die Verben in der Tabelle ein:

Beispiele

Patroni Romani semper clientibus favebant.
Die römischen Herren begünstigten immer ihre Schutzbefohlenen.

Soror mea cras viro nobili nubet.
Meine Schwester heiratet morgen einen vornehmen Mann.

Divites pecuniae maxime parcunt.
Die Reichen sparen ihr Geld am meisten.

Vir Romanus virtuti studet.
Ein Römer erstrebt charakterliche Vollkommenheit.

Medicus aegritudini medetur.
Der Arzt heilt die Krankheit.

Res tibi persuadebunt.
Tatsachen werden dich überzeugen.

Vergleichen wir die Objekte in beiden Sprachen:

Soror mea cras		*viro nobili*		*nubet.*
Subj.	←	Dat.-Obj.	←	Präd.
Meine Schwester		heiratet morgen		einen vornehmen Mann.
Subj.	←	Präd.	→	Akk.-Obj.

lateinisch:		deutsch:	
favere	+ **Dativ**	begünstigen	+ Akkusativ
nubere		heiraten	
parcere		schonen, sparen	
studere		erstreben	
mederi		heilen	
invidere		beneiden	
persuadere		überreden, überzeugen	

2.2 Der Dativ in besonderer Verwendung

Nun folgen noch weitere lateinische Besonderheiten. Für jede kannst du dir einen Spruch merken:

1. Der Dativ bei unpersönlichen Ausdrücken

Quod licet Iovi, non licet bovi.
Was Jupiter erlaubt ist, ist einem Rindvieh noch lange nicht erlaubt.

Beispiel

accidit mihi	– es stößt mir zu, es passiert mir
licet mihi	– es ist mir erlaubt, ich darf
placet mihi	– es gefällt mir, ich bin einverstanden
senatui placet/placuit	ist die Standardformel für einen Senatsbeschluss.

2. Der Dativ nach Verben, die mit Präpositionen zusammengesetzt sind

Principiis obsta!
Wehre den Anfängen!
meint Ovid.

Beispiel

praestare ceteris	besser sein als die Übrigen
praeesse rei publicae	den Staat leiten, an der Spitze des Staates stehen
interesse pugnae	an der Schlacht teilnehmen
prodesse amicis	den Freunden nützen
adesse amicis	den Freunden helfen

3. Der Dativ nach Adjektiven

Sapienti sat (-is est).
Für einen Verständigen ist es genug.

Sol omnibus communis.
Die Sonne ist allen (für alle) gemeinsam.

Beispiele

Nach folgenden Adjektiven steht der Dativ: *gratus* (angenehm), *utilis* (nützlich), *amicus* (freundlich), *fidus* (treu), *par* (gleich), *invisus* (verhasst).

Ergänze auch hier die Stammformen der folgenden unregelmäßigen Verben mit Dativobjekt, evtl. mithilfe des Wörterverzeichnisses hinten:

dare	______	______	______	______
tradere	______	______	______	______
praebere	______	______	______	______
praestare	______	______	______	______
praeficere	______	______	______	______
tribuere	______	______	______	______
largiri	______	______		______
committere	______	______	______	______
concedere	______	______	______	______
promittere	______	______	______	______
permittere	______	______	______	______
ostendere	______	______	______	______
favere	______	______	______	______
parcere	______	______	______	______
studere	______	______		______
invidere	______	______	______	______
persuadere	______	______	______	______

Weitere Besonderheiten des Dativs

1. Dativ des Interesses

Der Dativ des Interesses bezeichnet **die Person oder Sache, zu deren Vorteil (oder Nachteil) etwas geschieht**.

Beispiel

Cui bono?
Wer hat den Vorteil?
(wörtl.: Wem ist es zum Vorteil?)

Nach diesem alten römischen Rechtsgrundsatz suchen heute noch viele Kriminalkommissare den Täter: Wer hat ein Motiv? Wem nützt die Tat?

In diesem altbekannten Spruch findest du ebenfalls den Dativ des Interesses:

Non scholae, sed vitae discimus.
Nicht für die Schule, sondern für das Leben[1] lernen wir.

1 Der Spruch stammt von Seneca und lautet im Original: „Non vitae, sed scholae discimus". – Nicht für das Leben, sondern für die Schule lernen wir. Was meinst du dazu?

2. Der Dativ, der einen **Zweck** oder eine **Wirkung** bezeichnet (**Dativus finalis**)

Sehr oft, wie im Beispiel oben, stehen hier zwei Dative nebeneinander. Die deutsche Übersetzung in folgenden Sätzen wird dir sehr holprig vorkommen. Es ist aber wichtig, die Konstruktion zunächst wörtlich zu übertragen.

Beispiele

Virtutes hominibus decori gloriaeque sunt.
Leistungen gereichen den Menschen zu Ehre und Ruhm.

Ampla domus solum dedecori saepe fit domino.
Ein prächtiges Haus gereicht seinem Herrn oft nur zur Schande.

Haruspices vaticinati erant Valeriam civitati exitio futuram esse.
Die Zukunftsdeuter hatten geweissagt, dass Valeria dem Staat zum Verderben gereichen werde.[1]

1 Hier muss man wissen, dass besagte Valeria schon bei ihrer Geburt den Mund voller Zähne hatte, was die abergläubischen Römer nichts Gutes ahnen ließ.

Wir fragen: **Wozu gereicht etwas?**

Der **Dativ des Zwecks** gibt bei den Verben *esse* und *fieri* an, **wozu etwas führt**. Die wörtliche Übersetzung „etwas gereicht zu" erspart dir Fehler. Wenn du sie anwendest, wirst du richtig übersetzen. Dieser Ausdruck gefällt dir aber wahrscheinlich so wenig wie uns. Wenn dir die wörtliche Übersetzung ganz klar ist, solltest du nach einer besseren deutschen Formulierung suchen, z. B.:

Leistungen bringen den Menschen ...
Ein prächtiges Haus bringt seinem Herrn ...
..., Valeria bringe (bedeute) für den Staat ...

Auch in den folgenden Sätzen liegt der **Dativus finalis** vor:

Beispiele

Hoc militi tribuebatur ignaviae.
Das wurde dem Soldaten als Feigheit ausgelegt.

Postremo in urbe Roma paupertas probro verti coepit.
Zuletzt begann in der Stadt Rom Armut als Schande ausgelegt zu werden.

Non omni mulieri pulchritudo decori datur.
Nicht jeder Frau wird Schönheit als Ehre ausgelegt.

Nach den Verben *tribuere, vertere, dare* in der Sonderbedeutung „auslegen als" steht der Dativ des Zwecks.

Auch in den folgenden Sätzen wird der Zweck einer Handlung angegeben:

Beispiele

Iugurtha cedentibus militibus suis auxilio venit.
Jugurtha kam seinen weichenden Soldaten zu Hilfe.

Caesar quinque cohortes castris praesidio relinquit.
Cäsar ließ dem Lager fünf Kohorten zum Schutz zurück.

Catullus amicae suae librum dono misit.
Catull schickte seiner Freundin das Buch zum Geschenk.

Auch in der folgenden Übung fragen wir: Zu wessen Vorteil geschieht etwas? Übersetze die folgenden Sätze:

1. Homo non sibi solum natus est.
2. Rex bonus civibus suis consulere debet.
3. Domus dominis aedificata est, non muribus.
4. Tibi aras, tibi seris, tibi metis.
5. Non solum nobis divites esse volumus, sed liberis, propinquis, amicis, maximeque rei publicae.
6. Tibi cupio meam bonam fortunam.

3. Der Dativ, der einen **Besitzer** bezeichnet (**Dativus possessivus**)

Merke den Beispielsatz:

Beispiel

Mihi villa est.
Mir ist ein Landgut. = Ich habe ein Landgut. (Schön wär's!)

Folgende Ausdrücke sind ebenso aufgebaut:

Beispiele

Mihi nomen Gaius (datum) est.
Ich heiße Gaius.

Mihi res est cum his.
Ich habe es mit diesen Leuten zu tun.

4. Akkusativ- und Dativobjekt bei unterschiedlicher Bedeutung

Einige Verben können sowohl mit einem Akkusativ- als auch mit einem Dativobjekt verbunden sein. Hier musst du genau unterscheiden, denn diese Verben haben in Verbindung mit dem Akkusativ eine andere Bedeutung (d. h. auch eine andere deutsche Übersetzung) als mit dem Dativ.

Wenn du dir vorstellst, dass beim Dativobjekt die Beziehung viel enger oder die Einwirkung intensiver ist, geht es leicht; beim Dativ ist „mehr Liebe“ dabei!

Verben	... mit Akkusativ	... mit Dativ	deutsche Übersetzung
providere prospicere	... futura		die Zukunft voraussehen
		... pueris	vorsorgen für die Kinder
consulere	... oraculum		das Orakel befragen
		... civibus	sorgen für die Bürger
timere	... periculum		eine Gefahr fürchten
		... filio	sich Sorgen machen um den Sohn
temperare	... civitatem		den Staat ordnen
		... sibi	sich beherrschen

Abschlusstest zum Dativ

Unterstreiche die Ausdrücke mit Dativ und übersetze dann den Gesamttext.

Miraculix und seine Druidenkollegen

1. Druides apud Gallos in magno honore fuisse constat.
2. Omnibus druidibus praeerat unus; huic mortuo succedebat is, qui ceteris dignitate excellebat.
3. Illi sacerdotes bello non interesse consueverant; certo anni die in loco consecrato (= heilig, geweiht) conveniebant, ubi eis consuetudo cum deis erat, ut res futuras providere possent.
4. Civibus magno usui erat, quod civitates legibus temperabant et aegrotis (aegrotus = krank) medebantur.
5. Galli, quibus controversiae (= Streitigkeiten) erant, druides consulebant et decretis eorum parebant.
6. Multi adulescentes huic disciplinae studebant.
7. Cum Galli autem nihil litteris mandarent, hi iuvenes magnum numerum versuum (versus, us = Vers) ediscere debebant.
8. Qua de causa ars druidum nobis ignota est; sed eis persuasum erat animas immortales esse et deos rebus humanis consulere.

3. Genitiv und Ablativ als direkte Objekte

(im Deutschen als Akkusativ oder mit Präposition zu übersetzen)

3.1 Das Genitivobjekt

Das Genitivobjekt begegnet dir im Deutschen nur noch ganz selten in feierlichen Ausdrücken, wie etwa „der Toten gedenken". Im Deutschen ist der Genitiv im Laufe der Sprachentwicklung recht müde geworden und lässt sich von einem Präpositionalausdruck vertreten, du würdest also eher sagen „an die Toten denken". Im Lateinischen gibt es noch ein „kräftiges" Genitivobjekt.

Beispiele

Animus praeteritorum meminit.
Der Geist erinnert sich an Vergangenes.

Vir iniuriarum obliviscitur.
Ein Mann vergisst Unrecht.

Parentium semper reminiscemur.
Wir erinnern uns immer an unsere Eltern.

Hominum infelicium miseremur.
Wir haben Mitleid mit unglücklichen Menschen.
(oder: Wir erbarmen uns unglücklicher Menschen. – Hier könnte man im Deutschen auch noch den Genitiv verwenden.)

Merke dir also: Subj. ← Gen.-Obj. ← Präd.

reminisci *meminisse* *recordari*	+ **Genitiv**	sich erinnern an
oblivisci	+ **Genitiv**	vergessen
misereri	+ **Genitiv**	Mitleid haben mit

3.2 Der Ablativ als Objekt

Keine direkte Entsprechung gibt es im Deutschen natürlich für einen lateinischen Satz mit einer Ergänzung im Ablativ, weil wir im Deutschen diesen Fall nicht haben. Das heißt für deine Übersetzung, dass es keine Wort-für-Wort-Lösung geben kann. Mache dir also zuerst klar, wie das entsprechende Verb im Deutschen verwendet wird. Wir übersetzen meist mit einem Akkusativobjekt.

Beispiele

Sapiens ratione utitur.
Der Weise benützt seinen Verstand.

Caesar magistratu fungebatur.
Cäsar verwaltete ein Amt.

Voluptatibus fruimur.
Wir genießen Vergnügen.

Canes carne vescuntur.
Hunde ernähren sich von Fleisch.

Dictator imperio potitus est.
Der Diktator hat die Herrschaft an sich gerissen.

Du musst diese Verben, die im Lateinischen ein Ablativobjekt fordern (wofür es keine deutsche Entsprechung gibt), lernen:

Subj. ← Abl.-Obj. ← Präd.

!

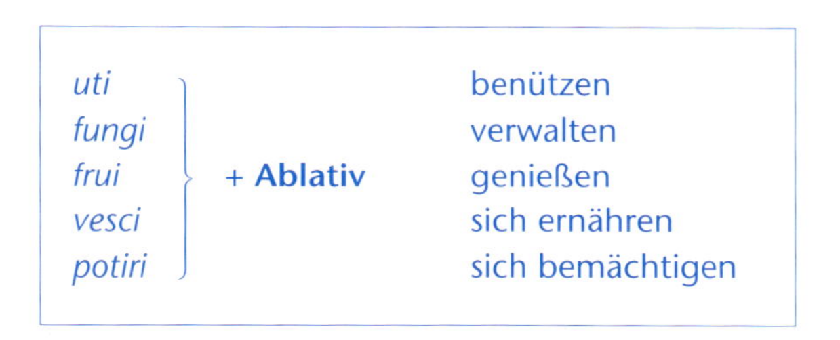

uti		benützen
fungi		verwalten
frui	**+ Ablativ**	genießen
vesci		sich ernähren
potiri		sich bemächtigen

Die Verben, die ein direktes Genitiv- oder Ablativobjekt verlangen, musst du dir gut merken. Deshalb wiederholen wir hier gleich die Stammformen:

oblivisci	________	________	________
uti	________	________	________
frui	________	________	
fungi	________	________	________
vesci	________	________	
potiri	________	________	________
carere	________	________	________
egere	________	________	________

3.3 Der Genitiv in besonderer Verwendung

sapientis est …

Der Genitiv bei *est* (auch bei *videtur* = es scheint zu sein) bedeutet: „es ist Sache, Kennzeichen, Pflicht von jemandem, typisch für jemanden“, also:

Beispiel | *Sapientis est tempori cedere.*
Es ist Kennzeichen eines Weisen, sich den Zeitumständen zu fügen.

peritus linguae Latinae …

… erfahren in der lateinischen Sprache, das bist du bald, wenn du dir merkst, dass nach einigen Adjektiven mit der Bedeutung
„begierig, kundig, eingedenk, teilhaftig, mächtig, voll“
der Genitiv steht. Das lässt sich auch rhythmisch sprechen und so leichter einprägen! Die lateinischen Adjektive (in der Reihenfolge der Bedeutung wie oben) kennst du wahrscheinlich schon:

lateinisch:		deutsch:
cupidus – studiosus	+ Genitiv	begierig, gierig nach – begeistert für
peritus		kundig, erfahren in
conscius – memor		mitwissend bei – denkend an
particeps		teilhaftig, teilhabend an
compos/potens		mächtig
plenus		voll

Als Beispiele kannst du dir folgende Ausdrücke merken:

studiosus litterarum = begeistert für die Wissenschaft
iuris consultus/peritus = gelernter Jurist
conscius consilii = Mitwisser des Plans
plenus vini = betrunken

Beispiele

capitis accusare/damnare

Bei Gerichtsverfahren wird der Vorwurf oder die Schuld (bei Todesstrafe auch die Strafe: *capitis*) im Genitiv ausgedrückt, also:

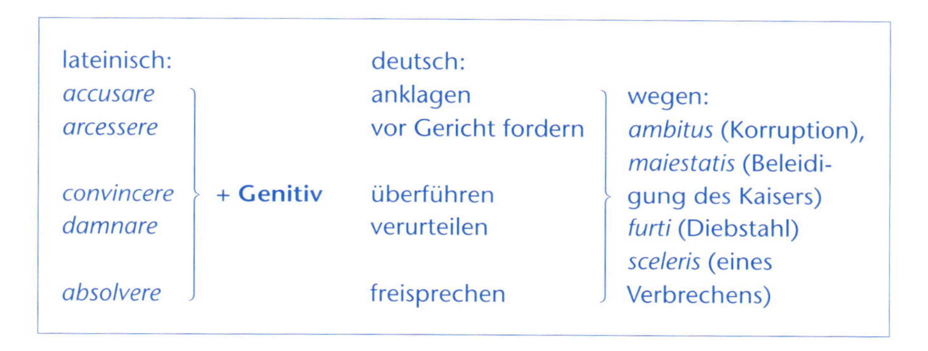

lateinisch:		deutsch:	
accusare		anklagen	wegen:
arcessere		vor Gericht fordern	*ambitus* (Korruption),
			maiestatis (Beleidigung des Kaisers)
convincere	+ **Genitiv**	überführen	
damnare		verurteilen	*furti* (Diebstahl)
			sceleris (eines
absolvere		freisprechen	Verbrechens)

Abschlusstest zum Genitiv

Unterstreiche alle Verbindungen mit Genitiv und übersetze zunächst nur diese Ausdrücke, dann den Gesamttext.

Socrates vor Gericht

1. Quis vestrum nescit Socratem studiosissimum veritatis fuisse?
2. Is magnam partem diei in foro versabatur et plurimum operae in eruditione iuvenum consumebat.
3. Eos admonuit, ne cupidi gloriae et divitiarum essent, sed humanitatem et amorem sapientiae pluris ducerent.
4. Docebat nusquam terrarum societatem hominum sine legibus existere posse.
5. Sed complures ex civibus immemores Socratis beneficiorum putabant adulescentes ab eo corrumpi.
6. Postremo eo stultitiae processerunt, ut eum reum facerent.
7. Socrates cum impietatis accusatus esset, patronum iuris peritum non quaesivit, sed ipse suam causam defendit.
8. „Sapientis est“, inquit, „metu mortis non terreri.“
9. Iudices autem magis metu hominum quam amore iustitiae permoti illum capitis damnaverunt.
10. Postea Athenienses huius facti paenitebat.

4. Mehrere Objekte

Die meisten Sätze, die wir bisher beobachtet haben, lassen sich auf dieses Satzmodell zurückführen:

Subj. ← Obj. ← Präd.

Ein Satz mit zwei Objekten in verschiedenen Fällen macht meist keine Schwierigkeiten, wenn die Fälle wie im Deutschen verwendet werden:

Beispiel

Amicus tibi viam monstrat.
Der Freund zeigt dir den Weg.

Die Objekte, die in anderen Kasus als im Deutschen stehen, können natürlich auch miteinander kombiniert werden.

Lass dich aber nicht entmutigen! Atme einmal tief durch und freue dich über die Variationsmöglichkeiten der menschlichen Sprache! Es sind nicht so viele Ausdrücke, die sich vom Deutschen unterscheiden. Wir helfen dir dabei, zu verstehen, was im Lateinischen anders ist, und es dir leichter zu merken.

Beispiele

Populum iudicii paenitebat.
Die Leute bereuten das Urteil.

Me paenitet huius consilii.
Mich reut (ärgert, belastet) dieser Plan.

Me non pudet patriae.
Ich schäme mich nicht für meine Heimat (wegen meiner Herkunft).

Die Ausdrücke *paenitet* und *pudet* haben jeweils ein Akkusativobjekt und ein Genitivobjekt. Das Subjekt – im Deutschen „es" – ist im Prädikat versteckt.

Wir schreiben das Satzmodell unter den Satz

Me		*huius consilii*		*paenitet.*
Akk.-Obj.	←	Gen.-Obj.	←	Subj. + Präd.

und merken uns dieses Satzmodell für

paenitet es reut } mich etwas
pudet es beschämt } oder: ich schäme mich wegen etwas, bereue etwas

Die Person steht also im Akkusativ, die Sache, deretwegen man sich schämt, die man bereut, im Genitiv.

In den folgenden zwei Übungen kannst du deine Kenntnisse überprüfen. Zunächst die leichtere Übung.

Schreibe unter folgende Sätze das Satzmodell und gib dabei die Fälle des Objekts genau an:

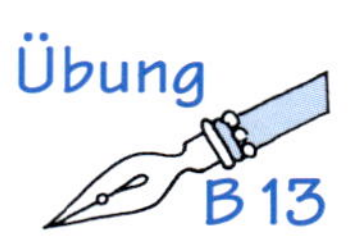

1. Puella gemit.

2. Caesar Galliam subiecit.

3. Cicero coniugi epistulam scribit.

4. Donat puer puellae fibulam.

5. Animus praeteritorum meminit.

6. Me stultitiae meae pudet.

7. Dictator imperio potitus est.

Nun wird es etwas schwerer!

Setze in den folgenden bereits bekannten Sätzen das ausgesparte Substantiv, das unter der Zeile im Nominativ angegeben ist, in den richtigen Fall, d. h., mache das richtige Objekt daraus:

1. Canes ________________ vescuntur. (*caro, carnis* = Fleisch)
   caro
2. ________________ currunt.
   Equi
3. Amici ________________ non vident.
   ego
4. ________________ semper reminiscemur.
   Parentes
5. __________________________ miseremur.
   Homines infelices
6. Servi ________________ vinum portant.
   dominus
7. Amici ________________ invitant.
   tu
8. ________________ fruimur.
   Voluptates
9. Caesar ________________ fungebatur.
   magistratus

Die Attribute

1. Das Adjektiv(attribut)

Wir nehmen uns ein paar zum Teil bereits bekannte Sätze vor, die wir leicht verändern wollen.

Beispiele

1. *Servi domino vinum portant.*
   Servi domino vinum vetus portant.
   alten Wein
2. *Avia nepotibus fabulam narrat.*
   Avia nepotibus parvis fabulam narrat.
   den kleinen Enkeln
3. *Puer puellae fibulam donat.*
   Puer puellae fibulam pretiosam donat.
   eine wertvolle Spange
4. *Cicero coniugi epistulam scribit.*
   Cicero coniugi carae epistulam scribit.
   seiner lieben Frau
5. *Servus equis aquam dat.*
   Servus diligens equis aquam dat.
   Der gewissenhafte Sklave

Was ist geschehen?
Wir haben einem Objekt oder dem Subjekt des Satzes ein Adjektiv beigefügt und damit gleich etwas mehr über die im Satz beschriebene Situation erfahren. Eine solche Beifügung nennen wir **Attribut**.
In diesem Fall ist es ein Adjektivattribut oder kurz: ein Adjektiv.

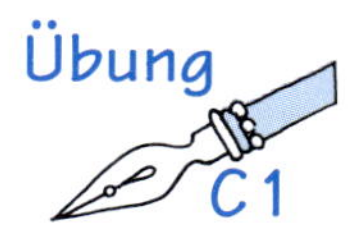

Schreibe aus den obigen veränderten Sätzen die Attribute heraus und ersetze sie durch folgende Wörter. Achte dabei auf die richtigen Endungen:

novus, carus, aureus, amatus, fidus

Beispiel: *vetus – novum* (beide: Akk. Neutr. Sing.)

Wie wichtig Attribute sein können, wirst du an folgenden Beispielen sehen. Wir stellen dir jeweils einen „nackten“ Satz vor, den wir dann mit Attributen „bekleiden“ wollen:

Beispiele

Amicus in re cernitur.
Ein Freund wird in einer Sachlage erkannt.

Der Satz ist so sinnlos. Aber:

Amicus certus in re incerta cernitur.
Ein zuverlässiger Freund wird in einer unsicheren Situation (Sachlage) erkannt.

Die adjektivischen Attribute geben dem Satz erst seinen Sinn. Ebenso:

Vir viro anteponitur.
Ein Mann wird einem Mann vorgezogen.

Was soll das heißen? Jedoch:

Probus vir pauper improbo viro diviti anteponitur.
Ein anständiger Mann wird, auch wenn er arm ist, einem reichen vorgezogen, wenn dieser skrupellos ist.

Unterstreiche in folgenden Sätzen die Attribute:

1. *Olim mercatores avari etiam vasta et aperta maria pervolabant.*
   Früher durcheilten habsüchtige Kaufleute selbst weite und offene Meere.

2. *Senectus ipsa insanabilis morbus est.*
   Das Alter selbst ist eine unheilbare Krankheit.

3. *Homines feri ac barbari in hac urbe ipsa vagantur.*
   Die verwilderten und barbarischen Menschen halten sich sogar schon in dieser Stadt auf.

4. *Animos molles atque teneros liberorum parvulorum aratro ferreo arare non licet.*
   Man darf die weichen, zarten Gemüter kleiner Kinder nicht mit einem eisernen Pflug pflügen.

5. *Hostes nostros milites occisos ne sepeliverant quidem.*
   Die Feinde hatten unsere gefallenen Soldaten nicht einmal bestattet.

Ist dir aufgefallen, dass hier nicht nur Adjektive als Attribute verwendet werden, sondern auch andere Wortarten? Diese wollen wir uns genauer ansehen, um sie zu bestimmen.

per aperta maria	*apertus, a, um* = Partizip Perfekt Passiv
senectus ipsa	*ipse, ipsa, ipsum* = Demonstrativpronomen
in hac urbe ipsa	*hic, haec, hoc* = Demonstrativpronomen
	ipse s. o.
nostros milites occisos	*noster, nostra, nostrum* = Possessivpronomen
	occisus, a, um = Partizip Perfekt Passiv

Regel

Adjektive, Partizipien und Pronomina können zu einem Subjekt oder Objekt treten und es näher bestimmen. Eine solche Beifügung nennen wir adjektivisches Attribut. Es steht immer im gleichen Fall wie das Substantiv.

Das folgende Epigramm lebt ganz von seinen adjektivischen Attributen:

Beispiel

Thais habet nigros, niveos Laecania dentes.
Quae ratio est? Emptos haec habet, illa suos.

Es geht um schwarze, um weiße, um gekaufte und um eigene Zähne. Die Übersetzung:

Beispiel Übersetzung

> Thais hat schwarze, schneeweiße Zähne hat Läkania.
> Was ist der Grund? Die hat gekaufte, jene ihre eigenen.

Dieser Spruch, auch Epigramm genannt, stammt von dem Dichter Martial. Er lebte im ersten Jahrhundert nach Christus, in der Kaiserzeit also, in Rom. Er schrieb 12 Bücher Epigrammata, d. h. Sprüche.

2. Das Genitivattribut (Besitz, Eigenschaft)

Zusätzliche Bemerkungen zu einem Subjekt oder einem Objekt können nicht nur durch adjektivische Attribute gegeben werden.
Viele Ausdrücke im Genitiv machen sich als **Genitivattribut** „sehr verdient" um die farbige Ausgestaltung der lateinischen Sätze. Wie du sehen wirst, können Genitivattribute verschiedene nähere Bestimmungen des Subjekts oder eines Objekts angeben. Versuche in den folgenden Abschnitten zu erkennen, um welche Art von Bestimmung es sich bei den unterstrichenen Genitivattributen jeweils handelt.

Beispiele

Templa deorum maiores magis colebant quam domos suas.
Die Tempel der Götter pflegten die Vorfahren mehr als ihre eigenen Häuser.

Imperium rei publicae Romanae oratores quidam patriam omnium hominum appellaverunt.
Das Herrschaftsgebiet des römischen Staates nannten gewisse Redner Vaterland aller Menschen.

Legibus naturae etiam homines oboedire debent.
Den Gesetzen der Natur müssen auch die Menschen gehorchen.

Boves vicini prata mea depascebantur.
Die Rinder des Nachbarn weideten meine Wiesen ab.

Hier gibt das Genitivattribut jeweils den **Besitzer** des im Subjekt oder Objekt steckenden Gegenstandes oder eine Art Zueignung an. Es liegt ein **Genitiv des Besitzers** (**Genitivus possessivus**) vor.

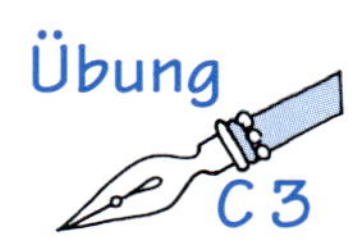

a) Füge in die folgenden Sätze das unter der Zeile stehende Wort als „Besitzer" des im Subjekt oder Objekt enthaltenen Gegenstandes ein, indem du es in den **Genitivus possessivus** setzt.
b) Übersetze die Sätze ins Deutsche.

Omnes capillos nigros ______________ mirabantur.
mulier

____

Radii ______________ splendore superari non possunt.
sol

____

Bona ______________ sapiens bonis ______________ anteponebit.
animus corpus

____

Nun prüfe den Inhalt der Genitivattribute in folgenden Sätzen:

Beispiele

Sacerdos summae pietatis hostiam mactavit.
Ein sehr frommer Priester (wörtlich: Ein Priester von höchster Frömmigkeit …) hat das Opfertier geschlachtet.

Miles maximae fortitudinis mortem non timuit, hostes incursavit.
Der äußerst tapfere Soldat (wörtlich: Der Soldat von größter Tapferkeit …) hat den Tod nicht gefürchtet, er hat die Feinde angegriffen.

Caesar fossam quindecim pedum defodit.
Cäsar ließ einen Graben von fünfzehn Fuß ausheben.

Aristoteles, vir summi ingenii, prudentiam cum eloquentia iunxit.
Aristoteles, ein hochbegabter Mann (wörtlich: von höchster Begabung) hat Klugheit mit Beredsamkeit verbunden.

Equum pulcherrimae formae multi emere volebant.
Das wunderschöne Pferd (wörtlich: von schönster Form) wollten viele kaufen.

Hier gibt das Genitivattribut keinen Besitzer, sondern jeweils eine Eigenschaft, nämlich die **„Qualität"** des Subjekts oder Objekts an. Es liegt ein **Genitiv der Eigenschaft** (**Genitivus qualitatis**) vor.

Übung C 4

a) Füge in den folgenden Sätzen den jeweils unter der Zeile stehenden Ausdruck als Eigenschaft des Subjekts oder Objekts ein, indem du ihn in den **Genitivus qualitatis** setzt.

b) Übersetze die Sätze ins Deutsche.

1. Hamilcar in Hispaniam secum duxit filium Hannibalem ______________ .
anni novem

____

2. Mare Caspium pisces ______________________ alit.
varii colores

____

3. Vir ______________________ non contemnitur.
minima statura

____

4. Vir autem ______________________ a multis contemnitur.
minima mens

____

Etwas Besonderes für schnelle Denker!

Wundere dich nicht, wenn der **Genitivus qualitatis** manchmal durch einen **Ablativus qualitatis** ersetzt ist, z. B.:

Beispiele

miles maxima fortitudine
vir summo ingenio
equus pulcherrima forma etc.

Auch mit dem Ablativ kann das Lateinische Eigenschaften beschreiben. Vielleicht interessiert es dich, welche Eigenschaften Cäsars der Geschichtsschreiber Sueton überliefert.

Übersetze folgenden Text:

Caesar fuit excelsa[1] statura, colore candido, teretibus[2] membris, ore paulo pleniore, nigris vegetisque[3] oculis, valetudine prospera[4].

1 excelsus = hochragend
2 teres, teretis = kräftig, wie gedrechselt
3 vegetus = munter
4 prosperus = gesegnet, glücklich

Zur Erleichterung geben wir dir einige Wörter an, die du dir nicht zu merken brauchst.

Kannst du dir ein Bild vom Äußeren Cäsars machen?

3. Andere Genitive: Genitivus subiectivus, obiectivus, partitivus

Nun schau dir die Genitivattribute in folgenden Sätzen an. Vielleicht gefällt dir die Arbeit mehr, wenn du weißt, dass es dabei um „Gefühle" geht.

Beispiele

Metus hostium nobis maximus socius erit.
Die Furcht der Feinde wird unser größter Bundesgenosse sein.

Liberis amore parentium magis opus est quam cibis.
Kinder haben die Liebe der Eltern (nötiger (wörtlich: mehr nötig) als Essen.

Desiderium multarum puellarum equus proprius est.
Der Wunsch vieler Mädchen ist ein eigenes Pferd.

Hier nennt das Genitivattribut **die Person, die das im Subjekt oder Objekt genannte Gefühl empfindet**, also ein ganz „subjektives" Gefühl. Es liegt der **Genitivus subiectivus** vor.

Jetzt aber wird's schwierig! Aufgepasst!
Der lateinische Genitiv kann ausdrücken, dass es sich um ein Gefühl einer bestimmten Person handelt (**Genitivus subiectivus**). Er kann aber auch im Gegensatz zum Deutschen zeigen, **dass sich das Gefühl auf eine andere Person oder einen Gegenstand bezieht**: Dann sprechen wir vom **Genitivus obiectivus**[1].

1 Die andere Person oder der Gegenstand ist sozusagen Objekt eines Gefühls.

Folgende Beispiele machen dir das klar:
metus hostium kann einerseits sein die „Furcht der Feinde" (**Genitivus subiectivus**), andererseits die Furcht, die sich auf die Feinde bezieht, also „die Furcht vor den Feinden" (**Genitivus obiectivus**);

amor parentium ist „die Liebe der Eltern" oder „Liebe zu den Eltern";
desiderium puellarum ist „die Sehnsucht der Mädchen" oder „die Sehnsucht nach den Mädchen".

Lass dich nicht verwirren und studiere in aller Ruhe den **Genitivus obiectivus** in folgenden Sätzen:

Beispiele

Iucunda est memoria praeteritorum laborum.
Angenehm ist die Erinnerung an vergangene Mühen.

Animi morbi sunt cupiditates divitiarum, gloriae, dominationis.
Krankheiten der Seele sind die Wünsche nach Reichtum, Ruhm und Macht.

Conscientia virtutis famae mendacia ridet.
Das Bewusstsein von Tugend lacht über die Lügen des Geredes.

Der **Genitivus obiectivus** gibt also die **Richtung** des Gefühls an.

Cicero hat einmal in einem Brief aus der Verbannung an seine Frau geschrieben, was ihm am meisten abgehe.

Übung C 6

a) Setze die „Gegenstände" seiner Sehnsucht, die in Klammern stehen, in den **Genitivus obiectivus** und stelle damit fest, worauf sich Ciceros Wünsche beziehen.
b) Übersetze den Satz ins Deutsche.

Mirum me desiderium tenet (urbs) __________ , incredibile (mei[2]) __________

____

atque imprimis (tu) __________ .

____

2 mei = die Meinen

Es könnte sein, dass dir der Genitiv langsam auf die Nerven geht. Zum Trost sei dir gesagt, dass wir die Schwierigkeiten schon hinter uns haben. Wir brauchen uns nur noch mit einer kleinen, leicht zu verstehenden Ergänzung zu beschäftigen.

Was bezeichnet der Genitiv in folgenden Sätzen?

Beispiele

Plurimum itineris iam isti.
Den größten Teil des Weges bist du schon gegangen.

Multi civium mortem Caesaris deflebant.
Viele (von den) Bürger(n) weinten über den Tod Cäsars.

In urbe Roma mille milia hominum habitabant.
In der Stadt Rom wohnte eine Million Menschen.

Solum maxima copia frumenti proletarii Romani nutriri poterant.
Nur mit einer sehr großen Menge Getreide konnten die römischen Proletarier ernährt werden.

Hier bezeichnet das Genitivattribut das Ganze, von dem ein Teil *(pars)* genannt ist, es liegt der **Genitivus partitivus** vor.
Wundert es dich, dass wir auch bei folgenden Ausdrücken vom Genitivus partitivus sprechen?

ubi terrarum?	wo auf der Welt?
ubique terrarum	überall auf der Welt
eo superbiae	bis zu diesem Punkt des Hochmuts

Abschlusstest Attribute

Nun eine Übung zum Abschluss und zur Wiederholung des ganzen Kapitels.

a) Unterstreiche in folgenden Sätzen das **Attribut** und benenne es mit dem richtigen Fachausdruck (z. B. **Genitivus obiectivus**)!
b) Übersetze dann die Sätze ins Deutsche.

1. Sacerdos summae pietatis hostiam mactavit.

___

2. Servus diligens equis aquam dat.

___

3. Iucunda est memoria praeteritorum laborum.

___

4. In urbe Roma mille milia hominum habitabant.

___

5. Caesar fuit excelsa statura.

___

4. Namen als Attribute

Zum Abschluss des Kapitels möchten wir dir zur Entspannung ein Attribut vorführen, das jedem Römer „beigefügt" war: sein Name.

Wie du weißt, bestand der Name eines Römers aus drei Teilen: *praenomen* = Vorname, *nomen gentile* = Familienname, *cognomen:* wir würden „Spitzname" dazu sagen.

Beispiel

Marcus	Tullius	Cicero (= *die Erbse*)
praenomen	**nomen gentile**	**cognomen**

Durch seinen Sippen- oder Beinamen, sein Namensattribut, wurde jeder Römer aus der Vielzahl aller anderen *viri Romani* herausgehoben und als ein bestimmtes Individuum gekennzeichnet.

Es ist ganz amüsant, sich ein paar solcher Namen anzusehen:
Da haben wir einen Quintus Fabius Pictor, den Mann mit den Bohnen (*faba* = Bohne), einen Marcus Porcius Cato, den Mann mit den Schweinen (*porcus* = Schwein) oder den Gaius Asinius Pollio, einen Mann mit Eseln (*asinus* = Esel) und den Publius Ovidius Naso, den mit den Schafen (*ovis* = Schaf). Ein ganzes Dorf von Bauern wird uns da vorgestellt.

Auch die *cognomina* haben es in sich!

Publius Ovidius Naso ist der mit der langen Nase (*nasus* = Nase), Titus Maccius Plautus hat einen Plattfuß (*plautus* = platt), Publius Cornelius Tacitus ist ein schweigsamer Mann (*tacere* = schweigen) und Gaius Sallustius Crispus hat krause Haare (*crispus* = gekräuselt).

Bestimme die unterstrichenen Attribute und versuche, den Text zu übersetzen. Schreibe in dein Heft.

Wie kam der Cicero zur Erbse?

M. Tullius Cicero, equestri genere, Arpini[1], quod est Volscorum oppidum, natus est. Ex eius avis unus verrucam[2] in extremo naso[3] sitam habuit, ciceris grano similem: inde cognomen Ciceronis genti inditum. Suadentibus quibusdam, ut id nomen mutaret: „Dabo operam", inquit, „ut istud cognomen nobilissimorum nominum splendorem vincat."

Einige Anmerkungen zur Erleichterung:
1 Arpini: Arpinum ist die Vaterstadt Ciceros
2 verruca: die Warze
3 in extremo naso: gemeint ist die Nasenspitze

Als Vornamen für die Kinder ist den Römern nicht viel eingefallen, die Söhne nannten sie, wie du schon gesehen hast: *Gaius, Marcus* oder einfach **mit Zahlwörtern** nach der Reihe innerhalb der Geschwister: *Sextus, Septimus* usw.

Noch weniger haben sie sich bei den Mädchen ausgedacht: Sie hießen einfach **nach dem Familiennamen (in femininer Form)**, *Tullia* oder *Iulia*; dementsprechend müsste heute eine Tochter von einem Karl Huber nur Huberin heißen. Allerdings haben sich für uns aus diesen römischen Familiennamen viele Mädchennamen entwickelt.

Übung C 9

Nimm an, alle folgenden Römer hatten eine Tochter. Wie lautete der offizielle Name der Tochter?

Quintus Caecilius Metellus Tochter: ____________________

Marcus Aemilius Scaurus Tochter: ____________________

Lucius Cornelius Sulla Tochter: ____________________

Gaius Iulius Caesar Tochter: ____________________

Marcus Tullius Cicero Tochter: ____________________

Marcus Claudius Marcellus Tochter: ____________________

Publius Valerius Laevinus Tochter: ____________________

Die Adverbialien

Der Enkel Karls des Großen, Kaiser Lothar I. (795–817), soll einmal gesagt haben:

Beispiel

Tempora mutantur, et nos mutamur in illis.
Die Zeiten ändern sich, und wir ändern uns mit ihnen.

Damit hat er etwas sehr Kluges bemerkt. Die Welt ändert sich dauernd. Alles ist in Bewegung. Schon viel früher, um 500 v. Chr., hat dies der griechische Philosoph Heraklit so ausgedrückt:

πάντα ῥεῖ (panta rhei). – Alles fließt, d. h.: „Alles ist in Bewegung."

Bewegung in den Satz bringt das Verbum. Es macht die Dinge, von denen die Rede ist, erst lebendig. Das, was das Verb beschreibt, ein Zustand oder eine Handlung, kann aber noch lebendiger ausgestaltet werden durch eine andere Wortart:
Die **näheren Umstände einer Handlung**, zu welcher **Zeit**, an welchem **Ort**, aus welchem **Grund** oder auf welche **Weise** etwas geschieht, interessieren uns nämlich auch, und dazu brauchen wir eine Konstruktion zum Verb, also *ad verbum*, d. h. die **Adverbien** oder ein **Adverbiale**.
Das **Adverbiale** (Plural: **Adverbialia** oder **Adverbialien**) ist der Satzteil, der über die Umstände informiert. Das kann ein einzelnes Wort (= Adverb) sein, ein Präpositionalausdruck oder ein Nebensatz.

Beispiel

Heute
nach dem Essen
wenn ich mit der Arbeit fertig bin } gehe ich spazieren.

Im Lateinischen können die Kasus die adverbiale Funktion übernehmen, besonders der Ablativ, so dass wir mit der Kasuslehre noch nicht fertig sind. Aber nun erst mal der Reihe nach.

1. Das Adverb

Beispiele

Equus celeriter currit.
Das Pferd läuft schnell.

Semper prudenter agere volumus.
Wir wollen immer klug handeln.

Orator vero pulchre loquebatur.
Der Redner sprach wirklich schön.

Feliciter agimus, feliciter vivimus.
Glücklich handeln wir, glücklich leben wir.

Du hast sicher schon bemerkt, wie hier ein **Adjektiv** in die Rolle des Adverbs schlüpft: Ein Adjektiv der **a-** und **o-**Deklination *(pulcher, a, um)* wird durch die Endung -e, ein Adjektiv der **dritten** Deklination *(celer, celeris, celere; prudens, prudentis; felix, felicis)* durch die Endung -ter zum Adverb.

Jetzt wollen wir unsere Sätze etwas steigern:

Beispiele

Equus celerius currit.
Das Pferd läuft schneller.

Semper prudentius agere volumus.
Wir wollen immer klüger handeln.

Hic orator vero pulchrius loquebatur.
Dieser Redner sprach wirklich schöner.

Quo[1] felicius agimus, eo felicius vivimus.
Je glücklicher wir handeln, desto glücklicher leben wir.

1 quo – eo oder quanto – tanto = je – desto

Wir haben das Adverb in die **erste Steigerungsform** gesetzt, in den **Komparativ**. Die Komparativendung ist -ius.

Nun wollen wir unsere Sätze noch in die **zweite Steigerungsform** setzen, in den **Superlativ**:

Beispiele

Equus meus celerrime currit.
Mein Pferd läuft am schnellsten.

Semper prudentissime agere volumus.
Wir wollen immer am klügsten (oder: sehr klug, ganz klug, überaus klug) handeln.

Hic orator pulcherrime loquebatur.
Dieser Redner sprach am schönsten (oder: sehr schön, überaus schön).

Si felicissime agimus, felicissime vivimus.
Wenn wir besonders glücklich handeln, leben wir sehr glücklich (oder: am glücklichsten).

Die Adverbendung im Superlativ erhalten wir, wenn wir an die Superlativendung statt *-us, -a, -um* (*-issimus, -a, um; -rimus, -a, -um*[1]; *-limus, -a, -um*[2]) die Endung -e anhängen.

1 z. B. pulcherrimus, celerrimus
2 z. B. facillimus, a, um: difficillimus, a, um

Jetzt kannst du die Adverbien schon selbst steigern, indem du wie bei den ersten zwei Beispielen die Endung der Grundform durch die Komparativ- und Superlativendung ersetzt:

celeriter	celerius	celerrime
breviter	brev______	brev__________
pulchre	pulchr______	pulcher__________
constanter	constant______	constant__________
facile[3]	facil______	facil__________
bene[4]	mel______	opt__________

3 facile bildet das Adverb unregelmäßig statt auf -iter mit dem Neutrum Singular
4 bonus hat eine unregelmäßige Steigerung: melior, -ius; optimus, -a, -um …

Wir wollen uns noch ein paar Sätze anschauen. In diesen drei Sätzen stehen nur zwei bezüglich der Bildung „normale“, **von einem Adjektiv in gewohnter Weise abgeleitete Adverbien**. Suche sie heraus!

1. *Catilina clam rem publicam subvertere studebat.*
   Catilina strebte heimlich danach, den Staat umzustürzen.
2. *Nonnulli homines publice se liberales gerunt, privatim autem avarissime pecuniae parcunt.*
   Manche Menschen geben sich öffentlich freigiebig, privat aber sparen sie sehr geizig ihr Geld.
3. *Iterum atque iterum me offendit.*
   Wieder und wieder hat er mich beleidigt.

Die anderen Adverbien sind **nicht ableitbar**, du hast sie schon als **unveränderliche** Wörter gelernt:

clam	heimlich
privatim	privat
iterum	wiederum

In den folgenden Sätzen, die etwas schwieriger sind, unterstreichst du

a) die Adverbien

b) und ergänzt in der deutschen Übersetzung jeweils das Adverb.

1. *Deus ubique terrarum agit et regit.*

   Gott wirkt und herrscht ______________ auf der Welt.

2. *Suaviter voluptas sensibus blanditur.*

   ______________ schmeichelt das Vergnügen den Sinnen.

3. *Seneca multo sapientius tulit adversam quam secundam fortunam.*

   Seneca bewältigte ______________ sein Unglück als sein Glück.

4. *Facilius in morbos incidunt adulescentes quam senes, gravius aegrotant, difficilius curantur.*

   Junge Leute werden ______________ krank als alte, sie sind ______________ krank, sie werden ______________ geheilt.

5. *Bene sentire recteque facere necessarium est ad bonam beatamque vitam.*

   ______________ zu denken und ______________ zu handeln, ist notwendig für ein gutes und glückliches Leben.

6. *Tu non bene vivis, et illis, qui bene vivunt, invides.*

   Du lebst nicht ______________ , und die, die ______________ leben, beneidest du.

7. *Ciceronis domus, quam infeste a Clodio deleta erat, tam ample a senatu restituta est.*

   Wie ______________ Ciceros Haus von Clodius zerstört worden war, so ______________ ist es vom Senat wieder hergestellt worden.

Übrigens war dieser Volkstribun Clodius eine reichlich unsympathische Figur in der römischen Geschichte. Mit seinen Banden und Schlägertrupps hat er die ganze Stadt terrorisiert. Bevor ihm das Handwerk gelegt wurde, hat er Cicero in die Verbannung getrieben. Auf seine Schwester Clodia werden wir später noch zu sprechen kommen.

Jetzt fassen wir das Kapitel noch einmal zusammen:
Die Welt lebt von ihrem Geschehen, auch in jedem Satz geschieht etwas. **Wie** etwas geschieht, das sagt das **Adverb**.

2. Der Ablativ in adverbialer Funktion

Aber nicht nur das einfache Adverb kann ausdrücken, wie etwas geschieht. Weitere Möglichkeiten zeigen uns folgende Sätze:

2.1 Der Ablativ der Art und Weise, des Grundes und des Werkzeugs

Beispiele

Parentes me magna gravitate monuerunt.
Die Eltern ermahnten mich mit großem Ernst.

Magno gaudio ex schola exii.
Mit großer Freude kam ich aus der Schule heraus.

Oratores cum severitate audiuntur, poetae autem cum voluptate.
Die Redner werden mit Ernst angehört, die Dichter aber mit Vergnügen.

Alcibiades ab iudicio maxima discessit gloria.
Alkibiades ging aus seinem Prozess mit höchstem Ruhm hervor.

Alexander maxima celeritate in Syriam contendit.
Alexander eilte mit größter Geschwindigkeit nach Syrien.

Hier drücken die Substantive im Ablativ aus, wie etwas geschieht. Es liegt der **Ablativ der Art und Weise** (**Ablativus modi**) vor. Häufig ist er durch ein Adjektiv erweitert. Manchmal steht auch die Präposition *cum* dabei. Wir fragen: **Wie geschieht etwas?**

Was gibt der Ablativ in folgenden Sätzen an?

Übung D 4

Unterstreiche die lateinischen Ablative und die deutsche Übersetzung:

Beispiele

1. *Hodie multi homines fame intereunt.*
   Heutzutage gehen viele Menschen an Hunger zugrunde.
2. *Vituperatione amicae valde lugebam.*
   Wegen des Vorwurfs meiner Freundin war ich sehr traurig.
3. *Alexander aeger iacebat vulneribus, quae acceperat.*
   Alexander lag krank danieder wegen der Wunden, die er erhalten hatte.
4. *Concordia civitates parvae crescunt, discordia maximae dilabuntur.*
   Aufgrund von Eintracht gedeihen kleine Staaten, durch Uneinigkeit lösen sich die größten auf.

Der **Ablativ des Grundes** (**Ablativus causae**) gibt die **Ursache eines Geschehens** an. Wir fragen: **Wodurch geschieht etwas?**

Welche Aufgabe hat der Ablativ in folgenden Sätzen?

Beispiele

Agricola securi lignum findit.
Der Bauer spaltet mit dem Beil das Holz.

Ferro bella geruntur, non verbis.
Mit dem Schwert werden Kriege geführt, nicht mit Worten.

Cornibus tauri, apri dentibus, leones morsu se tutantur.
Die Stiere schützen sich mit ihren Hörnern, die Eber mit den Zähnen, die Löwen durch ihren Biss.

Prisci Romani duabus artibus, fortitudine in bello, aequitate in pace se remque publicam augebant.
Durch zwei Eigenschaften, nämlich durch Tapferkeit im Krieg, (und) durch Gerechtigkeit im Frieden förderten die alten Römer sich und ihren Staat.

Der **Ablativ des Mittels** (**Ablativus instrumenti** oder **instrumentalis**) gibt das **„Werkzeug"** an, mit dem etwas getan wird. Wir fragen: **Womit geschieht etwas?**

a) Gib in den folgenden Sätzen an, welches Mittel benützt wird, indem du das unter der Zeile stehende Substantiv in den **Ablativus instrumenti** setzt.
b) Übersetze ins Deutsche.

1. Romani __________ familias tutabantur, non __________ .
   virtus — muri

2. Magister peritus discipulos semel __________ , iterum __________ reget.
   vituperatio — laus

3. Cicero ____________________ semper populo persuadere potuit.
   orationes praeclarae

2.2 Der Ablativ der Zeit, Trennung, Herkunft, des Ortes, des Preises und des Vergleichs

Der Ablativ ist mit seinen Möglichkeiten noch nicht am Ende. Schauen wir uns folgende Sätze an:

Beispiele

Hieme et aestate rara fulmina sunt, vere et autumno crebriora.
Im Winter und im Sommer sind Blitze selten, im Frühling und im Herbst häufiger.

M. Agrippa supremis suis annis laborabat morbo gravi pedum.
M. Agrippa litt in seinen letzten Jahren an einer schweren Fußkrankheit.

Postero die prima luce a patre excitatus sum.
Am nächsten Tag bin ich schon beim ersten Tageslicht vom Vater aufgeweckt worden.

Si examen apium ludis apparebat, statim haruspices arcessiti sunt.
Wenn ein Bienenschwarm während der Spiele auftauchte, wurden sofort die Zukunftsdeuter herbeigeholt.

Bei dem letzten Satz kommt dir sicher in den Sinn, wie abergläubisch die Römer waren. Uns fällt dabei folgende Geschichte ein: Man hielt sich in Rom zu religiösen Zwecken auch heilige Hühner. Hatten diese keinen Appetit auf Fressen und Trinken, galt es als sehr gefährlich, etwas Wichtiges zu unternehmen. Cäsar wollte einmal eine Schlacht beginnen, die heiligen Hühner aber fraßen und tranken nicht. Da ließ sie Cäsar in den Fluss werfen mit den Worten: „Dort werden sie schon trinken!" Ob Cäsar abergläubisch war?

Nun aber zurück zu den Beispielsätzen oben. Wir haben noch nicht geklärt, was der Ablativ in diesen Sätzen ausdrückt.

Der **Ablativ der Zeit** (**Ablativus temporis**) gibt den Zeitpunkt eines Geschehens an. Wir fragen: **Wann geschieht etwas?**

In den nächsten Sätzen ist nicht eindeutig zu unterscheiden, ob es sich bei den Ausdrücken im Ablativ um ein Objekt oder um ein Adverbiale, das das Prädikat näher bestimmt, handelt. Aber das ist eine Frage für *grammatici*.

Beispiele

Impetus Gallorum multas familias viris orbavit.
Der Einfall der Gallier hat viele Familien um die Männer gebracht (= wörtl.: ihrer Männer beraubt).

Verba medici nos (a) curis gravibus liberaverunt.
Die Worte des Arztes haben uns von schweren Sorgen befreit.

Temporibus antiquis milites hostes necatos saepe armis spoliaverunt.
In alten Zeiten haben die Soldaten oft die getöteten Feinde ihrer Waffen beraubt.

Caesar hostes commeatu intercludere volebat.
Cäsar wollte die Feinde von der Versorgung abschneiden.

Subito ab incepto destitit.
Plötzlich ließ (stand) er von seinem Vorhaben ab.

Der **Ablativ der Trennung** (**Ablativus separationis** oder **separativus**), der durch die Präposition *ab* verstärkt werden kann, drückt aus, **wovon man sich trennt**, im günstigsten Fall, **wovon man befreit wird**. Wir fragen: **Wovon wird die Trennung vollzogen?**

Auch hier liegt eigentlich ein **Ablativus separationis** vor:

Beispiele

Cicero patria carebat.
Cicero entbehrte sein Vaterland.

Homo paucis rebus eget.
Der Mensch braucht wenige Dinge.

Hominibus exemplo opus est.
Den Menschen ist ein Vorbild nötig.
oder: Die Menschen brauchen ein Vorbild.

Nobis luce opus est.
Wir brauchen Licht.

Wenn wir etwas nicht haben oder brauchen, sind wir ja davon getrennt.

lateinisch:		deutsch:	
carere *egere* *mihi opus est*	+ **Ablativus separationis**	entbehren (bedürfen), brauchen ich habe nötig, ich brauche	+ Akkusativ

!

Die letzten vier Ablativ-Spezialitäten kannst du aus folgender Szene ersehen:

a) Unterstreiche die Ablative, die dir noch unbekannt und unklar vorkommen.
b) Versuche dann zu übersetzen.

Dialog: Tourist – Wirt

1. Wirt: *Unde venis?*
   Tour.: *Corintho.*
2. Wirt: *Esne Graecus?*
   Tour.: *Sic est.*
3. Wirt: *Quid vis? Vinum et panem?*
   Tour.: *Quanti est?*
4. Wirt: *Asse bibere potest, binis assibus tibi meliora dabo.*
   Tour.: *Tanti est.*
5. Wirt: *Romae, non ruri es. Hic tibi deliciae plurimo constant. Et urbs nostra pulchrior vico tuo est.*
   Tour.: *Quid tu ais? Corinthi multa milia hominum vivunt et ibi omnia minimo emere potes.*
6. Wirt: *Hercle, cur non domi mansisti?*

Folgende Ablative kannst du also aus dem vorausgegangenen Übungstext erschließen:

Ablativ der Herkunft (**Ablativus originis**)

Bei **Städten** und **kleinen Inseln** genügt der Ablativ, um die Herkunft von dort zu bezeichnen:
Roma = von Rom, *Corintho* = von Korinth, *Ithaca* = von Ithaca
ebenso:
domo = von zu Hause, *rure* = vom Land
und:
nobili genere natus = aus einer Adelsfamilie

Ablativ des Ortes (**Ablativus loci/lokativ**)

Da gab es früher mal einen eigenen Kasus, der aber nun bei kleinen Inseln und Städten der **a-** und **o-**Deklination wie der **Genitiv** aussieht, in den anderen Deklinationen wie der **Ablativ**:
Romae = in Rom, *Corinthi* = in Korinth, *Ithacae* = auf Ithaka; *Athenis* = in Athen
domi = zu Hause; *ruri* = auf dem Land, *humi* = auf dem Boden

Ablativ des Preises (**Ablativus pretii**)

Preisangaben bei *stare/constare* = kosten, *vendere* = verkaufen, *parare/emere* = kaufen, *conducere* = mieten stehen im **Ablativ**, bei Fragen und Preisvergleich auch im **Genitiv** *(tanti – quanti)*
magno/plurimo/parvo/minimo, asse/multis assis stare = viel, sehr viel, wenig, sehr wenig, ein Ass, viele Asse kosten

Ablativ des Vergleichs (**Ablativus comparationis**)

Nach einem Adjektiv im Komparativ kann statt *quam* + Substantiv nur das Substantiv im Ablativ stehen:
Nihil est miserius quam bellum civile.
Nihil est miserius bello civili.
Nichts ist schlimmer als ein Bürgerkrieg.

Weil der Ablativ so beliebt ist, kennt die lateinische Sprache auch viele formelhafte Wendungen, die du dir einprägen solltest:

plus aequo	mehr als recht und billig
aequo animo	mit Gleichmut, ohne sich aufzuregen
celerius opinione	unerwartet schnell
magno emere	teuer einkaufen
gratis	umsonst
ira incensus, odio permotus	zornig, voll Hass

iussu	auf Befehl
minor natur, maior natus	jünger, älter
mea causa	meinetwegen
forte	zufällig
vi	gewaltsam
iure	mit Recht
nullo pacto	auf keinen Fall
bene vendere	günstig verkaufen
quare	weshalb/deshalb
sua sponte	freiwillig
hac ratione	nach dieser Methode
specie – re	dem Anschein nach – in Wirklichkeit
eo consilio	in der Absicht
exempli gratia	beispielsweise
natura	von Natur aus

Und ein Spruch fürs Poesiealbum:

Amore
more
ore
re *iunguntur amicitiae*[1]

1 etwa: Durch Liebe, gutes Verhalten, Miteinanderreden und durch gemeinsames Interesse an einer Sache werden Freundschaften zusammen gehalten.

Abschlusstest zum Ablativ

Übersetze die unterstrichenen Ausdrücke, später auch den Gesamttext.

Kaiser Titus

1. Vespasianus, haud nobili genere natus, duos filios habuit, qui inter se moribus differebant.
2. Titus paucis annis maior clementia excellebat.
3. Eum Romani propter humanitatem maximis laudibus dignum putabant, quia neminem, qui aut sua aut amici causa auxilium petebat, sine spe dimisit.
4. Urbes terrae motu afflictas adiuvit, ut incolae res ad vitam necessarias bene emere possent neve fame perirent.
5. Post Romae incendium ipse morbo confectus pedibus in urbem iit et cives a curis liberare studuit.
6. Tito defuncto imperium accepit Domitianus, quo nemo imperatorum Romanorum Christianos crudelius insecutus est.
7. Natura pavidus et minimis suspicionibus commotus multos viros integros supplicio affici iussit.

3. Präpositionalausdrücke

Folgende Beispielsätze sind fast überflüssig, da dir die in ihnen enthaltenen Adverbialia beim Übersetzen kaum Schwierigkeiten machen:

Beispiele

Ante labores saepe anxii, post labores laeti sumus.
Vor Mühen sind wir oft ängstlich, nach den Anstrengungen fröhlich.

Caesar usque ad ripam fluminis processit.
Cäsar rückte bis zum Flussufer vor.

Cicero per totam urbem vigilias disposuit.
Cicero verteilte Wachen über die ganze Stadt.

Ab urbe condita Romani virtuti studebant.
Seit der Gründung der Stadt strebten die Römer nach charakterlicher Vollkommenheit.

Propter inopiam frumenti Helvetii alios agros petebant.
Wegen der Lebensmittelknappheit suchten die Helvetier andere Gebiete.

Mehr Sätze sind nicht nötig. Du hast schon bemerkt, dass hier **Präpositionalausdrücke, die aus einer Präposition und einem Substantiv bestehen**, die Handlung des Satzes näher bestimmen. Häufig geben solche Präpositionalausdrücke den Ort oder die Zeit der Handlung an.

Ist dir die Bedeutung der einzelnen Präpositionen nicht mehr klar oder weißt du nicht, welchen Fall die einzelne Präposition regiert, solltest du in deiner Grammatik alle Präpositionen wiederholen. Das ist nicht viel Arbeit.

Erinnere dich:
ab, de, ex, pro, sine, cum mit **Ablativ**
alle anderen Präpositionen mit **Akkusativ**
in und *sub* mit **Akkusativ** bei **Bewegung**, mit **Ablativ** bei **Zustand**

Du kannst es dir vielleicht mit folgendem „Gedicht" schneller merken:

A, ab, e, ex und *de,*
cum und *sine, pro* und *prae*
stehen mit dem **Ablativ**.
Fragt man **„wo?"** und nicht „wohin?",
folgen auch noch *sub* und *in*.

Das Prädikatsnomen

Amantes amentes.
Dieses lateinische Wortspiel lässt sich im Deutschen kaum nachvollziehen. Der Dichter Terenz, der im zweiten Jahrhundert vor Christus seine noch heute berühmten Komödien schrieb, ersetzte das *a* in *amantes* (*amans, amantis* = liebend) durch ein *e* (*a-mens, amentis* = ohne Verstand). Dadurch entstand ein Wortspiel über Verliebte:

Beispiel

Amantes amentes.
Verliebte sind Verrückte.

Im beginnenden 16. Jahrhundert muss dieses Wortspiel in Deutschland noch recht bekannt gewesen sein, denn da machte es Gabriel Rollenhagen (1583–1619) aus Magdeburg zum Titel einer Liebeskomödie *Amantes amentes*.

1. Der doppelte Nominativ bei *esse* – Der Gleichsetzungsnominativ

Uns interessiert, wie diese berühmte Aussage grammatikalisch abläuft.
Wir schreiben das Satzmodell darunter:

Amantes	*(sunt)*	*amentes.*
Subj.	Präd.	?

Es ist klar, dass als Prädikat *sunt* = „sie sind" zu ergänzen ist. Damit haben wir, wie gewohnt, ein Subjekt *(amantes)* und ein Prädikat *(sunt)*. Das Prädikat *sunt* hat nun eine Aufgabe, die wir bisher noch nicht besprochen haben: **Es schaltet *amantes* und *amentes* gleich.** In der Schreibweise der Mathematik könnten wir das so ausdrücken:

Amantes = *amentes.*

Wir können den Satz mit einer Waage vergleichen. Das Subjekt *amantes* ist die eine Waagschale, *sunt* ist der Waagebalken und *amentes* ist die gleichgewichtige andere Waagschale. Der grammatikalische Fachausdruck für diese zweite Waagschale ist **Prädikatsnomen**

Amantes	*sunt*	*amentes.*
Subj.	Präd.	Prädikatsnomen

Da das Prädikatsnomen dem Subjekt gleichgeschaltet wird, gleicht es sich auch, so gut es geht, an das Subjekt an. Einige Beispiele:

Beispiele

Deus est dominus.
(Ein) Gott ist der Herr.

Dea est domina.
Eine Göttin ist die Herrin.

Usus est magister optimus.
Die Gewohnheit ist der beste Lehrer.

Consuetudo est magistra optima.
Die Gewohnheit ist die beste Lehrerin.

Was stellen wir fest?
Das Prädikatsnomen steht selbstverständlich im selben Kasus wie das Subjekt, also im Nominativ. Das Prädikatsnomen hat in diesen Sätzen auch dasselbe Geschlecht wie das Subjekt. Dies überprüfen wir mit der folgenden Übung.

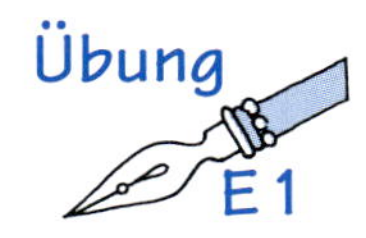

Schreibe neben die in den obigen Sätzen gebrauchten Substantive jeweils das grammatische Geschlecht, indem du die üblichen Abkürzungen gebrauchst: *m* für maskulin/männlich, *f* für feminin/weiblich.

deus _____ *dominus* _____

dea _____ *domina* _____

usus _____ *magister* _____

consuetudo _____ *magistra* _____

Im folgenden Satz geht die Gleichschaltung nicht so leicht:

Summum ius est summa iniuria.
Höchstes Recht ist höchstes Unrecht.[1]

Hier stimmt das Prädikatsnomen mit dem Subjekt nur noch im Kasus (Nominativ) überein.

1 Cicero schrieb diesen Satz in einem Buch mit dem Titel „De officiis" („Über die Pflichten"), das er seinem in Athen studierenden Sohn widmete. Er meinte wohl, dass ein Richter, der besonders gerecht sein will, vielleicht in allzu buchstabengetreuer Rechtsauffassung besonders ungerecht werden kann.

Am leichtesten lässt sich ein Adjektiv als Prädikatsnomen mit dem Subjekt „gleichschalten“: Es stimmt immer in Fall, Zahl und Geschlecht (in Kasus, Numerus und Genus) mit diesem überein.

Überprüfe diese Behauptungen an folgenden Sätzen durch Unterstreichen der Endungen:

1. *Verae amicitiae sempiternae sunt.*
   Echte Freundschaften sind ewig.
2. *Deus est omnipotens.*
   Gott ist allmächtig.
3. *Columnae templi erant graciles et altae.*
   Die Säulen des Tempels waren schlank und hoch.
4. *Non omnia consilia amicorum innocentia sunt.*
   Nicht alle Ratschläge von Freunden sind uneigennützig.

Bevor wir weitergehen, versuche folgende antike Grabinschrift zu übersetzen, die eher einem Rätsel gleicht. Zur Erleichterung schreiben wir das Satzmodell darunter:

Ego	*tu*	*fui,*	*tu*	*ego*	*eris.*
Subj.	**Prädikats-nomen**	Präd.	Subj.	**Prädikats-nomen**	Präd.

Einen etwas makabren Humor hatte der Römer schon, der sich diesen Spruch auf seinen Grabstein setzen ließ. Von der Grammatik her passt er freilich gut in unser Kapitel.

2. Weitere Verben mit doppeltem Nominativ

Neben *esse* kennt der Römer noch eine Reihe anderer Verben, die eine Gleichschaltung von Prädikatsnomen und Subjekt bewirken. Schau dir folgende Sätze an:

Beispiele

1. *Pericles a nonnullis civibus tyrannus appellatus est, sed iustus tyrannus.*
   Perikles wurde von manchen Bürgern Tyrann genannt, aber ein gerechter Tyrann.
2. *Fabius Cunctator a populo Romano imperii „scutum“ vocabatur.*
   Fabius Cunctator ist vom römischen Volk „Schutzschild“ des Reichs genannt worden.
3. *Nemo fit casu bonus.*
   Niemand wird durch Zufall gut.

4. *Nemo nascitur dives.*
   Niemand wird reich geboren.
5. *Peiores homines morimur quam nascimur.*
   Wir sterben als schlechtere Menschen als wir geboren werden.[1]
6. *Caesar et vir fortissimus et vir clementissimus existimatur.*
   Cäsar gilt sowohl als sehr tapferer wie auch als sehr nachsichtiger Mann.
7. *Scipio imperator creatus est.*
   Scipio wurde zum Feldherrn gewählt.
8. *Consules declarantur Tullius et Antonius.*
   Zu Konsuln werden ernannt Tullius (Cicero) und Antonius.
9. *Mihi videtur acerba semper et immatura mors virorum proborum.*
   Mit erscheint der Tod tüchtiger Männer immer bitter und zu früh.
10. *Homines facilius in timore benigni quam in victoria grati reperiuntur.*
    Menschen werden leichter in Angst für gütig als im Sieg für gnädig befunden.
    Hier übersetzen wir doch lieber frei:
    Menschen zeigen sich eher …

1 *Diesen reichlich pessimistischen Satz hat der Philosoph Seneca geprägt.*

Hier haben wir viele Übungsmöglichkeiten!

Unterstreiche in den vorhergehenden Sätzen alle Prädikatsnomen. (Die Subjekte sind – zu deiner Erleichterung – bereits unterstrichen).

Ergänze die folgende Übersicht gleichschaltender deutscher Verben durch die lateinischen Verben, die du dir aus diesen Sätzen heraussuchst. Trage sie jeweils im Infinitiv ein.

werden: ____________[2]	ernannt werden zu: ____________
geboren werden als: ____________	scheinen: ____________
genannt werden: ____________	gelten als: ____________
gerufen werden: ____________	befunden werden als: ____________
gewählt werden zu: ____________	

2 *Im Aktiv hast du dann den doppelten Akkusativ.*

Oft kann nicht wörtlich ins Deutsche übersetzt werden, sondern das lateinische Prädikatsnomen im Nominativ muss im Deutschen in Verbindung mit „für", „als" oder „zu" wiedergegeben werden.

Prädikatsnomina können übrigens auch im Akkusativ auftreten, so dass du dann anstatt eines doppelten Nominativs einen doppelten Akkusativ vorfindest. Dies kannst du im Kapitel B 1.2 (Der doppelte Akkusativ) unter 3. (Der zweite Akkusativ als Gleichsetzungsakkusativ oder Prädikatsnomen, S. 18f.) nachlesen.

Gerundium, Gerundivum und Supin

1. Gerundium und Gerundiv

Nunc est bibendum, nunc pede libero pulsanda tellus, nunc …
Jetzt muss man trinken, jetzt muss mit befreitem Fuß die Erde gestampft werden, jetzt …

Beispiel

So beginnt das Jubelgedicht von Horaz auf den Sieg des Kaisers Augustus, den dieser im Jahr 31 v. Chr. über Antonius und Kleopatra bei Aktium errang. Antonius, der den Ostteil des römischen Reiches verwaltet hatte, beging nach seiner Niederlage Selbstmord, ebenso Kleopatra.

Zwei Formen haben wir in diesen Zeilen des Dichters Horaz, die zum Thema unseres Kapitels gehören:

bibendum (zu *bibere* = trinken)
pulsanda (zu *pulsare* = schlagen)

Wie sind diese Formen zu verstehen?
Wir haben jeweils ein Verbum vor uns, an das die adjektivische Endung *-ndus*, *-nda*, *ndum* angehängt ist.

Damit entsteht ein so genanntes **Verbaladjektiv**, ein Wort, das **von einem Verbum abgeleitet** ist, aber **wie ein Adjektiv in den Satz eingebaut** wird. Diesem Verbaladjektiv haben die lateinischen Grammatiker den Namen **Gerundivum** gegeben, wir sagen meist abgekürzt **Gerundiv**.
Du kennst sicher das Verbum, das in dem Ausdruck **Gerundiv** steckt: *gerere* heißt „bringen, tragen, machen, etwas geschehen lassen".

Übrigens verwechseln die Schüler mit diesem Ausdruck oft das **Gerundium** oder **Gerund**, das ist der **substantivierte** und damit **deklinierbare Infinitiv**, der ähnliche Endungen hat:

laudare = das Loben
laudandi = des Lobens
laudando = dem Loben
ad laudandum = zum Loben
laudando = durch Loben

Beispiele

Das **Gerund** macht meist keine Schwierigkeiten, es begegnet dir am häufigsten in solchen Ausdrücken:

Beispiele

ars dicendi = Kunst des Redens/Redekunst
ars amandi = Liebeskunst

Viel schwieriger ist das **Gerundiv**, deshalb müssen wir uns damit länger beschäftigen:

1.1 Der prädikative Gebrauch des Gerundivs

Und jetzt merken wir uns als Erstes die wichtigste Regel für das Gerundiv:

Das Gerundiv drückt aus, dass etwas geschehen muss oder getan werden muss.

Diese „Notwendigkeit" kommt im Anfangsbeispiel gut zum Ausdruck:

Beispiel

Nunc est bibendum. = Es muss jetzt getrunken werden.
Tellus pulsanda est. = Die Erde muss geschlagen (d. h. im Tanz gestampft) werden.

Weitere Beispiele zum Gerundiv:

Beispiele

1. *Corpus omnibus hominibus colendum est.*
   Der Körper muss von allen Menschen gepflegt werden.
   Oder: Körperpflege ist für alle Menschen notwendig.
2. *Occultae inimicitiae vobis magis timendae sunt quam apertae.*
   Heimliche Feindschaften müssen von euch mehr gefürchtet werden als offene.
   Oder: Ihr müsst heimliche Feindschaften mehr fürchten als offene.
3. *Mihi res molesta suscipienda erat.*
   Von mir musste eine lästige Sache in Angriff genommen werden.
   Oder: Ich musste eine lästige Sache in Angriff nehmen.
4. *Romanis res publica aliter instituenda fuisset.*
   Von den Römern hätte der Staat anders eingerichtet werden müssen.
   Oder: Die Römer hätten den Staat anders einrichten müssen.
5. *Ager frugifer agricolae colendus est.*
   Ein fruchtbarer Acker muss vom Bauern bebaut werden.
   Oder: Der Bauer muss einen fruchtbaren Acker bebauen.

Die Übersetzung dieser Sätze leuchtet dir wahrscheinlich ein. Machen wir uns ihre Konstruktion ganz bewusst!

Du kannst die Regeln für diese Konstruktion selber herausfinden:

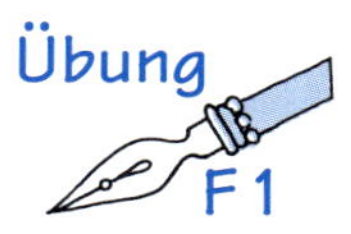

a) Unterstreiche in den obigen Sätzen die Person, die etwas tun muss.

Die **handelnde Person** steht also im _______________ (Welcher Kasus?)

b) Unterstreiche die Sachen, die getan werden müssen.

Die **Sache oder die Person, die behandelt werden muss,** bildet _______________ (Welchen Kasus? Welchen Satzteil?)

c) Unterstreiche die Endungen des Gerundivs.

Das **Gerundiv** in Verbindung mit *esse* **richtet sich** wie ein Adjektiv nach dem _______________ (Welchen Satzteil?)

Solltest du mit der Gerundivkonstruktion noch Schwierigkeiten haben, räumt vielleicht folgender Trick deine letzten Unsicherheiten aus: Wir können das Gerundiv im Deutschen wörtlich nachbilden, auch wenn das ein unmögliches Deutsch ist:

Corpus omnibus hominibus colendum est.
Der Körper ist für alle Menschen ein zu pflegender.

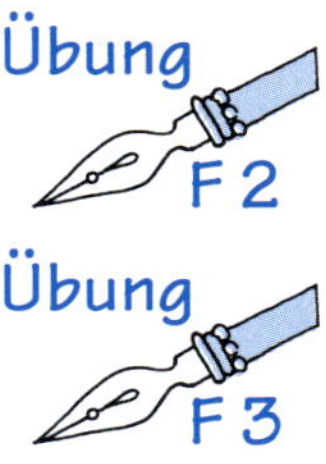

Versuche für die restlichen vier Sätze auf S. 62 ebenfalls diese wörtliche Wiedergabe. Die Beziehung der Satzteile zueinander wird dir sofort klar.

a) Ergänze nun selbst in folgenden Sätzen das **Gerundiv**.
b) Übersetze die Sätze dann ins Deutsche.

Damit du bei der Formenbildung des Gerundivs keine Schwierigkeiten hast, geben wir dir für jede Konjugation ein Musterbeispiel an:

laudare: laudandus, a, um
monere: monendus, a, um
audire: audiendus, a, um
regere: regendus, a, um

1. a) Tibi multae molestiae ____________________ sunt.
tolerare

b) ____________________

2. a) Discipulis nunc fenestrae ____________________ sunt.
aperire

b) ____________________

3. a) Iuvenibus non solum pecunia, sed litterae ____________________ sunt.
emere

b) ____________________

In allen bisher behandelten Fällen war das Gerundiv von einem transitiven Verb gebildet worden. Du erinnerst dich:

Transitive Verben haben eine **Ergänzung im Akkusativ** und **können passiv verwendet werden**; intransitive nicht. Vergleiche im Deutschen: transitiv: sprengen, intransitiv: springen.

Übung F 4

Mache dir das klar, indem du aus den Beispielsätzen auf S. 62 die Verben lateinisch und deutsch im Infinitiv herausschreibst und das Akkusativobjekt ergänzt.

1. *colere corpus:* den Körper pflegen

____

____

____

____

Alle Verben, die kein Akkusativobjekt bei sich haben können, nennen wir **intransitive Verben**. Dabei dürfen wir nicht vergessen, dass manche Verben im Deutschen transitiv sind, das entsprechende Wort im Lateinischen aber statt des Akkusativobjekts ein Objekt in einem anderen Fall bewirken kann, also intransitiv ist.
Bei der Gerundivkonstruktion sollten wir transitive und intransitive Verben unterscheiden können, da ihre Konstruktion unterschiedlich ist.

Hier einige Gerundiv-Sätze **mit intransitiven Verben:**

Beispiele

Unicuique homini utendum est sua ratione.
Jeder Mensch muss seinen eigenen Verstand benützen.

Nobis carendum est non solum crimine, sed etiam suspicione.
Wir müssen nicht nur von Schuld, sondern auch von Verdacht frei sein.

Tibi reminiscendum est vitiorum tuorum.
Du musst dich an deine Fehler erinnern.

Was stellen wir fest?

Regel

Wieder steht die handelnde Person im Dativ *(unicuique homini; nobis; tibi)*.

Aber: Das Gerundiv steht im Neutrum Singular.

Die behandelte Sache (oder Person) steht in dem Kasus, den das lateinische Verb nach sich hat (also: *uti* + Abl., *carere* + Abl., *reminisci* + Gen.).

Übrigens: **Das Gerundiv von Deponentien** wird genauso gebildet wie von aktiven Verben:

potiendum von *potiri* = sich bemächtigen
obliviscendum von *oblivisci* = vergessen

In unseren bisherigen Beispielen bestand das Prädikat jeweils aus dem Hilfsverb *esse* in Verbindung mit dem Gerundiv als Prädikatsnomen. Die folgenden Sätze haben alle schon **ein vollständiges Prädikat**. **Mit dem Gerundiv erweitern wir dieses Prädikat.**

Beispiel

Alexander a Philippo patre Aristoteli educandus traditus est.
Wir übersetzen zunächst ohne das Gerundiv:
Alexander wurde von seinem Vater Philipp dem Aristoteles übergeben.

Wir übersetzen das Gerundiv; **wozu** wurde Alexander also dem Aristoteles übergeben? **Als einer, der erzogen werden sollte!**

Die Übersetzung des ganzen Satzes:
Alexander wurde von seinem Vater Philipp dem Aristoteles zur Erziehung übergeben.

Du siehst, dass in diesem Fall das Gerundiv etwas abgeschwächt gebraucht wird. Es drückt nicht mehr ein unbedingtes Müssen aus, sondern ein Geschehen, eine Absicht. Wir übersetzen am besten mit einem **Präpositionalausdruck**.

Ergänze in den folgenden Sätzen die deutsche Übersetzung mit einem Ausdruck für das Gerundiv, indem du es mit einem deutschen Präpositionalausdruck wiedergibst.

1. *Caesar hostes mortuos propinquis sepeliendos tradidit.*
   Cäsar übergab die toten Feinde ihren Angehörigen ________________ .
2. *Alexander moriens militibus flentibus dextram porrexit osculandam.*
   Der sterbende Alexander reichte seinen weinenden Soldaten die rechte

   Hand ________________ .

Wichtig ist, dass du auch hier schaust, worauf sich das Gerundiv bezieht: In den Übungssätzen bezieht es sich auf ein Akkusativobjekt, im Beispielsatz auf das Subjekt *(Alexander … educandus).*

1.2 Der attributive Gebrauch des Gerundivs

Schau dir nun Sätze an, die das Gerundiv als Attribut verwenden.
Wieder empfiehlt sich die Übersetzung mit einem Substantiv:

Beispiele

Liberi educandi magistris magnum laborem parant.
Kinder, die erzogen werden müssen, bereiten den Lehrern große Mühe.
Die Kindererziehung bereitet den Lehrern große Mühe.

Multi in equis parandis adhibent magnam curam, in amicis eligendis neglegentes sunt.
Viele Leute verwenden auf den Erwerb von Pferden große Sorgfalt, in der Auswahl ihrer Freunde sind sie nachlässig.

In diesen Fällen ist das Gerundiv nicht mehr Bestandteil eines Prädikats, sondern steht **wie ein Adjektivattribut direkt bei einem Substantiv:** Es handelt sich um ein **attributives Gerundiv**.

Da auch hier die wörtliche Übersetzung schlecht möglich ist, verwenden wir im Deutschen wieder Präpositionalausdrücke.

Übung F 6

Übersetze nun in folgenden Sätzen den gerundivischen Ausdruck (Substantiv + Gerundiv) ins Deutsche. Du kannst es bestimmt schon!

1 palpebra = Augenlid
2 pupilla = die Pupille, das Auge
3 Ein Triumvir ist ein auf Zeit gewählter Beamter für Sonderaufgaben.

1. Palpebrae[1] aptissimae factae sunt ad claudendas pupillas[2] et ad aperiendas.

   Die Augenlider sind hervorragend geeignet ______________________________

   ____

2. Tiberius Gracchus a vulgo triumvir[3] creatus est dividendis agris.

   Tiberius Gracchus ist vom Volk ______________________________

   zum Triumvir gewählt worden.

3. Musicam natura ipsa videtur ad facilius tolerandos labores nobis dedisse.

Die Musik scheint uns die Natur selbst ______________________________

geschenkt zu haben.

4. Superstitione[1] tollenda non tollitur religio.

______________________________ wird die Religion nicht aufgehoben.

1 superstitio = Aberglaube

Nun wollen wir die Regel zum Gerundiv noch einmal im Zusammenhang formulieren:

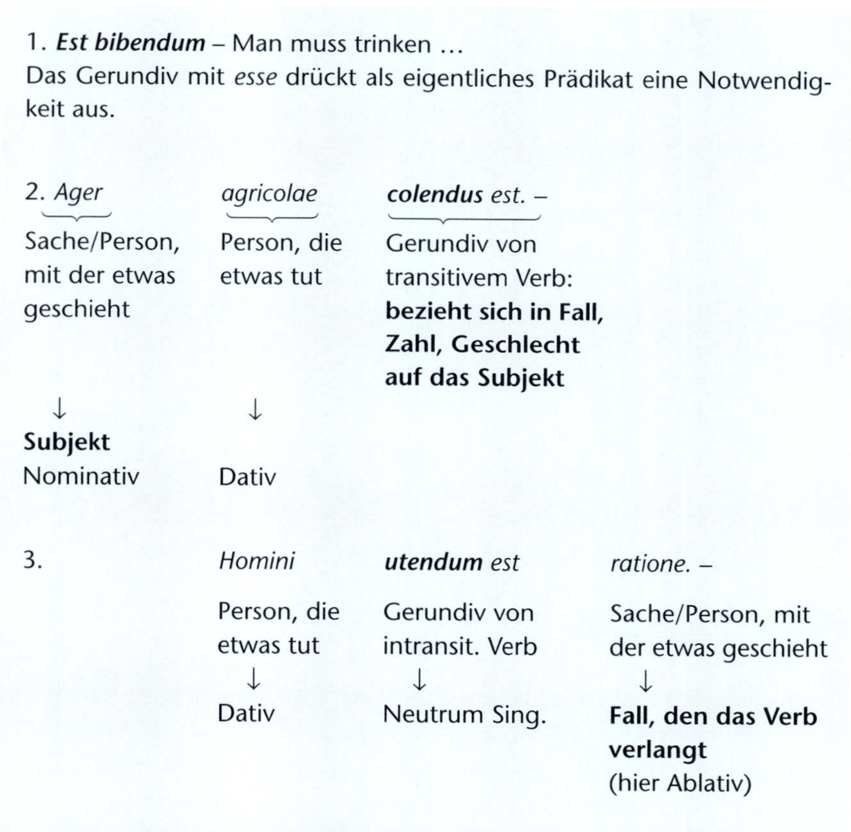

1. ***Est bibendum*** – Man muss trinken ...
Das Gerundiv mit *esse* drückt als eigentliches Prädikat eine Notwendigkeit aus.

2. *Ager*	*agricolae*	***colendus*** *est.* –
Sache/Person, mit der etwas geschieht	Person, die etwas tut	Gerundiv von transitivem Verb: **bezieht sich in Fall, Zahl, Geschlecht auf das Subjekt**
↓	↓	
Subjekt Nominativ	Dativ	

3.	*Homini*	***utendum*** *est*	*ratione.* –
	Person, die etwas tut	Gerundiv von intransit. Verb	Sache/Person, mit der etwas geschieht
	↓	↓	↓
	Dativ	Neutrum Sing.	**Fall, den das Verb verlangt** (hier Ablativ)

4. *Alexander a patre Aristoteli* ***educandus*** *traditus est.* – Alexander wurde von seinem Vater dem Aristoteles zur Erziehung übergeben.

Bei einer Erweiterung eines vollständigen Prädikats durch ein **zusätzliches Gerundiv** oder bei einem **attributiven Gerundiv** wird keine Notwendigkeit mehr ausgedrückt. Man kann daher im Deutschen durch einen **Präpositionalausdruck** übersetzen.

Übersetze nun noch einmal einige Sätze mit Gerundiv ins Deutsche.

1. Romanis res publica aliter instituenda fuisset.

2. Mihi res molesta suscipienda erat.

3. Unicuique homini utendum est sua ratione.

4. Tibi reminiscendum est vitiorum tuorum.

5. Vires inimicorum numquam spernendae sunt.

6. Caesar hostes mortuos propinquis sepeliendos tradidit.

7. In voluptatibus fruendis finem et modum transire non licet.

8. „Nunc est bibendum, nunc pede libero pulsanda tellus, nunc …"

2. Das Supin

Eine recht seltene Erweiterung des Prädikats haben wir noch nicht besprochen. Da sie aber hin und wieder vorkommt, sollten wir sie uns anschauen:

Beispiele

*Caesar legatos Romam misit auxilium **rogatum**.*
Cäsar schickte Gesandte nach Rom, **um** Hilfe **zu erbitten**.

*Hannibal patriam **defensum** revocatus est.*
Hannibal wurde zurückgerufen, **um** die Heimat **zu verteidigen**.

*Multi divites **venatum** ire solent.*
Viele Reiche pflegen **auf die Jagd** zu gehen.

*Hostes pacem **rogatum** ad imperatorem venerunt.*
Die Feinde kamen zum Feldherrn, **um** Frieden **zu erbitten**.

*Clientes advolaverunt **salutatum** patronum.*
Die Klienten eilten herbei, **um** ihren Schutzherrn **zu begrüßen**.

Uns interessiert hier die Verbform auf *-um (rogatum, defensum, venatum, salutatum)*, die immer das **Ziel einer Handlung** bezeichnet. Sie sieht aus wie das Neutrum Singular des Partizips Perfekt Passiv, **verändert sich nie** (!) und trägt den sonderbaren Namen **Supin**, dessen Bedeutung auch antike Grammatiker nicht erklären.
Am besten stellen wir eine Regel auf:

Regel

Das Supin auf *-um* bezeichnet das Ziel der Handlung nach Verben, die eine Bewegung enthalten.

Das Supin auf *-um* **ersetzt einen finalen *ut*-Satz**, auf den wir später noch zu sprechen kommen. Man könnte also das Supin in unseren Sätzen jeweils folgendermaßen ersetzen:

Beispiele

Caesar legatos misit, ut auxilium rogarent.
Hannibal, ut patriam defenderet, revocatus est.

Noch seltener als das Supin auf *-um* ist das Supin auf *-u*. Lies die folgenden Beispiele durch und du wirst ähnliche Sätze ebenfalls bewältigen.

Beispiele

Haec res est facilis intellectu.
Diese Sache ist leicht einzusehen.

Pleraque dictu sunt faciliora quam factu.
Die meisten Dinge sind leichter zu sagen als zu tun.

Mirabile est dictu.
Es ist sonderbar zu sagen.

Abschlusstest zu Supin, Gerund und Gerundiv

Das Supin:
Unterstreiche in der Sprechblase das Supin und übersetze es.

Gerund (deklinierter Infinitiv):
Übersetze.

1. Scribere scribendo, dicere dicendo discis.
2. Deliberando saepe perit occasio.
3. Nulla aetas ad discendum sera est.
4. Pueri ludendi causa in hortum exeunt.
5. Magister, qui liberos perpetuo studere cogit, educandi peritus non est.
6. Praeceptor igitur bonus discipulis dat facultatem vires reficiendi.

Gerundiv:
Übersetze die unten stehenden Sätze oder Ausdrücke.

a) prädikativer Gebrauch:
   1. De gustibus non est disputandum.
   2. Quod erat demonstrandum …
   3. Nobis audiendum, deinde audendum est.
   4. Militibus fortiter pugnandum est.
   5. Hac in re tibi nihil timendum est.
   6. Quid ergo faciendum est?
   7. Liberis non omnia exempla imitanda sunt.
   8. Ceterum censeo Carthaginem esse delendam.
   9. Syracusae militibus ab imperatore diripiendae traditae erant.
   10. Ut (wenn auch) desint vires, tamen est laudanda voluntas.

b) attributiver Gebrauch:
   1. Oedipus infans pastori cuidam occidendus traditus est.
   2. Romani liberos saepe servis Graecis educandos dederunt.
   3. Scriptores antiqui nobis multas imagines fortissimorum virorum intuendas et imitandas reliquerunt.
   4. Brutus et Cassius consilium patriae liberandae ceperunt.

Die Partizipien und der Ablativus absolutus

1. Das Partizip Präsens Aktiv

Nebulae e montibus descendentes aut caelo cadentes vel in vallibus considentes serenitatem promittunt.

Beispiel

Wenn Nebel von den Bergen herabsteigen oder vom Himmel fallen oder sich in den Tälern setzen, kündigen sie heiteres Wetter an.

Diese „Wettervorhersage" stammt aus dem 1. Jh. n. Chr.; Plinius der Ältere, Admiral der römischen Kriegsflotte, hat sie in seiner Naturgeschichte *(„Naturalis historia")* niedergeschrieben. Er beschäftigte sich in seiner Freizeit viel mit Naturwissenschaften, damals ein eher ungewöhnliches Hobby. Neben seiner Naturgeschichte ist uns in der gesamten klassischen lateinischen Literatur nur noch ein Werk erhalten, das sich mit naturwissenschaftlichen Fragen beschäftigt, die *„Naturales quaestiones"* („Naturwissenschaftliche Untersuchungen") des Philosophen Seneca, eines Zeitgenossen des Plinius. Am Ende des Kapitels werden wir uns aus beiden Werken noch ein paar Sätze ansehen.

Nun aber zur Konstruktion des vorliegenden Satzes.
Die wörtliche Übersetzung sieht so aus:

Von den Bergen herabsteigende oder vom Himmel fallende oder sich in den Tälern setzende Nebel kündigen heiteres Wetter an.

Beispiel
Übersetzung

Wir können hier gleich einen wichtigen Unterschied zwischen der lateinischen und der deutschen Sprache feststellen: Das Lateinische erweitert Sätze häufig durch **Partizipien**. Im Deutschen hört sich das recht umständlich an. **Nebensätze** liegen uns mehr.

Wie du weißt, gibt es im Lateinischen drei Partizipien:
Partizip Präsens Aktiv
Partizip Perfekt Passiv
Partizip Futur Aktiv

Wir werden diese drei genau untersuchen, und dazu schlagen wir dir folgenden Weg vor:
Als Erstes wiederholen wir bei jedem Partizip die Formenbildung entsprechend den vier Konjugationen, dann untersuchen wir an Beispielsätzen die

Funktion und die Bezüge zu den übrigen Satzteilen. Dabei ist es jedes Mal wichtig nachzuforschen, welche Zeitstufe das Partizip angibt und ob es aktiv oder passiv gebraucht ist. Drittens formulieren wir jeweils eine Regel, die du auswendig lernen musst.

Formen:	*laudare:*	*laudans,*	*laudantis*	lobend
	monere:	*monens,*	*monentis*	mahnend
	audire:	*audiens,*	*audientis*	hörend
	regere:	*regens,*	*regentis*	leitend

Funktion:

Untersuche in den folgenden Sätzen, wonach sich das Partizip in **Fall**, **Zahl** und **Geschlecht** richtet:
a) Unterstreiche das Partizip und das jeweilige Bezugswort.
b) Bestimme, welche Stelle im Satz das **Bezugswort** einnimmt.

1. *Senatores Tiberium regnum non petentem imperatorem declaraverunt.*
   Die Senatoren riefen den Tiberius, obwohl er die Herrschaft nicht begehrte, zum Kaiser aus.
2. *Aranti Quinctio Cincinnato nuntiatum est eum dictatorem esse factum.*
   Während er noch pflügte, wurde dem Quinctius Cincinnatus gemeldet, dass er zum Diktator gemacht worden sei.
3. *Socratis mortem flere debeo Platonem legens.*[1]
   Ich muss den Tod des Sokrates beweinen, sobald ich Plato lese.[2]

1 In den Schriften des griechischen Philosophen Platon ist der 399 v. Chr. hingerichtete Sokrates der Hauptredner.
*2 **Aufgepasst!** Im lateinischen Satz ist hier das Bezugswort im Verbum versteckt!*

Übung G2

In den folgenden lateinischen Sätzen verdeutlichst du die Verbindungen von **Partizip** und **Bezugswort** durch Pfeile. Unterstreiche auch die Endungen. Als Beispiel verwenden wir noch einmal den ersten Satz der vorhergegangenen Übung:

Beispiel | *Senatores Tiberium regnum non petentem imperatorem declaraverunt.*

1. *Alexander moriens anulum suum tradidit Perdiccae.*
   Als Alexander im Sterben lag, übergab er seinen Ring dem Perdikkas.[3]
2. *Mendaci homini ne verum quidem dicenti credere solemus.*
   Einem lügnerischen Menschen (besser: einem Lügner) pflegen wir nicht einmal, wenn er die Wahrheit spricht, zu glauben.
3. *Amicum aegrotantem hodie visemus.*
   Wir werden den Freund heute besuchen, weil er krank ist.
4. *Omne malum nascens facile opprimi potest.*
   Jedes Übel kann, wenn es im Entstehen ist, leicht bekämpft werden.

3 Perdikkas war der älteste General und Nachfolger Alexanders des Großen.

Jetzt musst du dir etwas ganz Wichtiges merken!
Die Handlung, die im Partizip Präsens Aktiv steckt, findet immer **zur selben Zeit** statt wie die Handlung, die durch das Prädikat ausgedrückt wird. Schauen wir uns das an zwei von unseren Beispielsätzen an:

1. *Socratis mortem flere debeo Platonem legens.*
   Ich muss in dem Augenblick weinen, in dem ich Platon lese.

Beispiele

2. *Alexander moriens anulum suum tradidit Perdiccae.*
   Alexander lag damals im Jahre 323 v. Chr. im Sterben und gab damals im Jahre 323 v. Chr. seinen Ring dem Perdikkas.

Das Partizip Präsens Aktiv drückt die Gleichzeitigkeit zur Handlung des Prädikats aus.

Wir können das auch mit einer Zeitschiene verdeutlichen:

——————→ gleichzeitig ←——————
Partizip Präsens — Prädikat

Schreibe aus den deutschen Übersetzungen von Übung G 1 und G 2 die Konjunktionen (Bindewörter) heraus, die die Nebensätze einleiten.

2. Das Partizip Perfekt Passiv

Formen:	*laudare:*	*laudatus, a, um*	gelobt;	einer, der gelobt wurde
	monere:	*monitus, a, um*	ermahnt;	einer, der ermahnt wurde
	audire:	*auditus, a, um*	gehört;	einer, der gehört wurde
	regere:	*rectus, a, um*	geleitet;	einer, der geleitet wurde

Funktion + Regel:
Lerne unbedingt gleich hier auswendig:

Das Partizip Perfekt Passiv drückt immer eine Vorzeitigkeit aus, d. h., im Partizip Perfekt Passiv ist etwas geschehen, was **vor** der Handlung des Prädikats liegt.

Wir können auch gleich unsere Zeitschiene ergänzen:

vorzeitig: Part. Perf. Pass. ←┐

⟶ gleichzeitig: Part. Präs. Akt. ⟵
(= Standpunkt des Prädikats)

Mache dir die **Vorzeitigkeit** des Partizips an folgenden Beispielsätzen klar:

Beispiele

1. *Dionysius tyrannus Syracusis expulsus Corinthi pueros docebat.*
   Der Tyrann Dionysius unterrichtete, nachdem er aus Syrakus vertrieben war, in Korinth Kinder.
2. *Pleraque ante oculos posita transimus.*
   Sehr viel übergehen wir, obwohl es uns vor die Augen gelegt ist.
3. *Carthaginienses superati statuerunt belli finem facere.*
   Erst als die Karthager besiegt waren, beschlossen sie, den Krieg zu beenden.
4. *Caesar etiam inimicis acerbissimis pepercit victis.*
   Cäsar hat selbst die erbittertsten Feinde, wenn sie besiegt waren, geschont.
5. *Multi tyranni civium bona publicata inter se dividunt.*
   Sobald die Vermögen der Bürger verstaatlicht worden sind, verteilen viele Tyrannen sie unter sich.

Übung G 4

Ergänze entsprechend den obigen Satzstrukturen die folgenden leicht umformulierten Sätze, aus denen du noch einmal die Vorzeitigkeit und die passive Bedeutung des Partizips Perfekt Passiv ersehen kannst:

1. Vorher musste Dionysius vertrieben worden sein, dann ______________________

   ____

2. Vorher muss etwas vor unsere Augen hingelegt worden sein, dann ________

   ____

3. Vorher dann

   ____

4. Vorher dann

   ____

5. Vorher dann

   ____

Übung G 5

Du siehst an den Übersetzungen der Beispielsätze 1. bis 5., dass die lateinischen Partizipialkonstruktionen schon wieder mit Nebensätzen übersetzt werden können.
Schreibe aus diesen Nebensätzen die Konjunktionen heraus.

3. Das Partizip Futur Aktiv

Formen:

laudare:	*laudaturus, a, um*	loben wollend; im Begriff zu loben; einer, der loben will oder wird
monere:	*moniturus, a, um*	mahnen wollend; …
audire:	*auditurus, a, um*	hören wollend; …
regere:	*recturus, a, um*	leiten wollend; …

Funktion + Regel:
Lerne unbedingt auswendig:

Regel

Das Partizip Futur Aktiv drückt immer eine Nachzeitigkeit aus, d. h., im Partizip Futur Aktiv ist ein Geschehen ausgedrückt, das erst **nach** der Handlung des Prädikats eintreten wird.

Schau dir die Beispielsätze an:

Beispiele

1. *Me in Italiam profecturum febris corripuit.*
   Mich erfasste, als ich nach Italien reisen wollte, das Fieber.
2. *Alexander ad Iovem Ammonem pergit consulturus de origine sua.*
   Alexander macht sich zum Jupiter Ammon auf den Weg, weil er ihn wegen seiner Abstammung befragen will.

Hier muss man wissen, dass Alexander nach der Eroberung Ägyptens in die Wüste hinaus zur Oase Siwa zog, wo sich die berühmte Orakelstätte des ägyptischen Gottes Ammon befand, der von den Griechen mit Zeus (röm. Jupiter) gleichgesetzt wurde. Er wollte erfahren, ob die Behauptung seiner Mutter Olympia stimme, nicht ihr Gatte Philipp, sondern Zeus selbst habe ihn gezeugt.

Beispiele

3. *Caesar legatos in Galliam misit commeatum in hiemem paraturos.*
   Cäsar schickte Legaten nach Gallien, damit sie die Versorgung für den Winter vorbereiteten.
4. *Hostes fugiebant in oppida moenibus se defensuri.*
   Die Feinde flohen in ihre Städte, damit sie sich hinter Mauern verteidigen konnten.
5. *Caesar etiam adversariis sibi insidias paraturis veniam dedit.*
   Cäsar verzieh auch Gegnern, obwohl sie ihm Nachstellungen bereiten wollten.

Unterstreiche in den Beispielsätzen 1. bis 5. jeweils das Partizip Futur Aktiv und sein Bezugswort und bestimme dessen Stellung im Satz.

Häufig lässt sich ein Partizip Futur Aktiv auch mit „um zu" + Infinitiv ins Deutsche übersetzen. Damit wird das Ziel in der Zukunft noch deutlicher:

Beispiel

Alexander ad Iovem Ammonem pergit consulturus de origine sua.
Alexander macht sich zum Jupiter Ammon auf den Weg, um ihn wegen seiner Abstammung zu befragen.

Notiere die Konjunktionen aus den Beispielsätzen 1. bis 5., die die Nebensätze einleiten.

Jetzt vervollständigen wir die Zeitschiene:

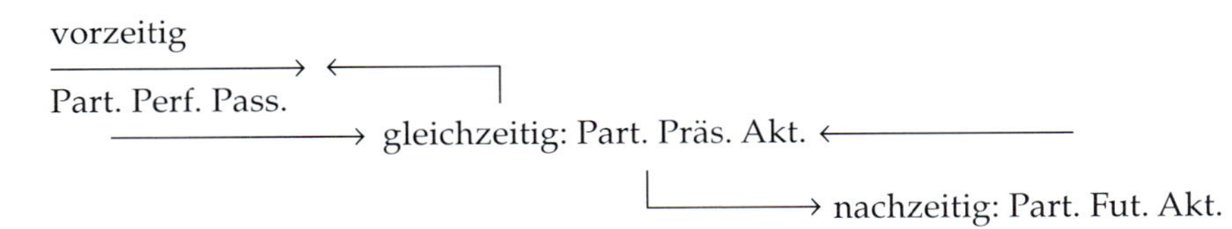

Überlege dir noch einmal das **Zeitverhältnis** in den Beispielsätzen:

2. **Zuerst** muss Alexander die Reise antreten, **dann** wird er **nachher** etwas erfahren.
3. **Zuerst** muss Caesar die Legaten wegschicken, **nachher** werden sie für den Winter vorsorgen.

Ein Partizip, das sich auf das Subjekt oder Objekt eines Satzes bezieht, heißt Participium coniunctum (vgl. *coniungere* = verbinden).
Es richtet sich in Fall, Zahl und Geschlecht wie ein Adjektiv nach seinem Bezugswort, von dem es im Satz aber auch weiter entfernt stehen kann. Die Endung verrät also das Bezugswort.

Übersetzungshilfen zum Partizip

Du kannst eine lateinische Partizipialkonstruktion nur **schrittweise** übersetzen.
Präge dir die einzelnen Schritte genau ein:

1. Wir suchen das **Bezugswort**.
2. Wir stellen durch möglichst wörtliche Übersetzung die **zeitliche Beziehung zum Prädikat** her (vgl. Zeitschiene).
3. Wir übersetzen mit einem **Nebensatz**. Die nötigen Konjunktionen hast du in Übung G3, 5 und 7 schon kennen gelernt.

Neben den bisher verwendeten Nebensätzen gibt es noch drei weitere Möglichkeiten, eine lateinische Partizipialkonstruktion in gutes Deutsch zu bringen, nämlich
- den **Relativsatz**,
- den **beigeordneten Hauptsatz**
- und den **Ausdruck mit einer Präposition**.

Wir versuchen jetzt, soweit es geht, an unseren Beispielsätzen von S. 74 alle vier Möglichkeiten:

Beispiele Übersetzung

1. *Dionysius tyrannus Syracusis expulsus Corinthi pueros docebat.*

wörtlich:	Der Tyrann Dionysius unterrichtete, vertrieben aus Syrakus, in Korinth Kinder. (= Der aus S. vertriebene Tyrann D. …)
a) **Konjunktionaler Nebensatz:**	Der Tyrann Dionysius unterrichtete, nachdem er aus Syrakus vertrieben worden war, in Korinth Kinder.
b) **Relativsatz:**	Der Tyrann Dionysius, der aus Syrakus vertrieben worden war, unterrichtete in Korinth Kinder.
c) **Beiordnung:**	Der Tyrann Dionysius wurde aus Syrakus vertrieben und unterrichtete später in Korinth Kinder.
d) **Präpositionalausdruck:**	Nach seiner Vertreibung aus Syrakus unterrichtete der Tyrann Dionysius in Korinth Kinder.

Übung G 8

Übe nun die vier Möglichkeiten noch einmal.
(Nicht immer gehen alle vier!)

2. Pleraque ante oculos posita transimus.
↓
Bezugswort

wörtlich:	Sehr vieles, gelegen vor unseren Augen, übergehen wir.
a) **Konjunktionaler Nebensatz:**	______________ obwohl ______ ______________________
b) **Relativsatz:**	Sehr vieles, das ______________ ______________________
c) **Beiordnung:**	Sehr vieles liegt uns vor den Augen und wir ______________________

3. Carthaginienses superati statuerunt belli finem facere.

a) **Konjunktionaler Nebensatz:** Als ______________________________

____

b) **Relativsatz:** Die Karthager, die ______________________

____

c) **Beiordnung:** Die Karthager wurden besiegt, und dann

____

d) **Präpositionalausdruck:** Erst nach der Niederlage ______________

____

4. Socratis mortem flere debeo Platonem legens.

a) **Konjunktionaler Nebensatz:** Wenn ______________________________

____

c) **Beiordnung:** Ich lese Plato und muss dabei ______________

____

d) **Präpositionalausdruck:** Beim Lesen ______________________________

____

Ebenso:

5. Alexander moriens anulum suum tradidit Perdiccae.
6. Hostes fugiebant in oppida moenibus se defensuri.

4. Der Ablativus absolutus

Wir werden dem Ablativus absolutus den Schrecken, den er für manche Schüler (auch für dich?) hat, zu nehmen versuchen.
Sieh dir folgende lateinische Sätze und ihre deutsche Übersetzung genau an! Der Ablativus absolutus ist jeweils unterstrichen, damit du ihn gleich erkennst.

Beispiele

1. *Docente natura artes innumerabiles repertae sunt.*
   Unter Anleitung der Natur sind unzählige Wissenschaften erfunden worden.
2. *Saepe causa morbi inventa etiam curatio inventa est.*
   Oft ist, sobald die Ursache einer Krankheit gefunden ist, auch die Behandlung gefunden.
3. *Irritus omnis labor est reluctante[1] natura.*
   Jede Mühe ist umsonst, wenn die Natur Widerstand leistet.

1 reluctari = sich widersetzen

4. *Gallis Capitolium expugnaturis anseres sancti clamabant.*
   Als die Gallier das Kapitol erobern wollten, schrien die heiligen Gänse.[1]

1 Das war übrigens im Jahre 387 v. Chr.: Die Gänse, die der Göttin Juno geweiht waren, weckten die römischen Wachen, und so konnte das Kapitol, die Burg Roms, im letzten Augenblick verteidigt werden.

5. *Lacrimae interdum nolentibus nobis cadunt.*
   Tränen fließen manchmal, auch wenn wir es nicht wollen.

Was stellen wir fest?

Auch hier ergänzt ein **Partizipialausdruck** die Aussage eines Satzes. Er steht aber im Gegensatz zum Participium coniunctum **ohne grammatikalische Verbindung neben diesem Satz.**

Der **Ablativus absolutus** enthält eine **satzartige Aussage:** Das **Substantiv im Ablativ** stellt gewissermaßen sein **Subjekt** dar (manchmal durch ein Pronomen ersetzt), das **Partizip im Ablativ**, das sich ihm in der Endung angleicht, wäre das **Prädikat**.
Schauen wir uns die Aussagen der Ablativi absoluti aus den Beispielsätzen noch einmal für sich allein an:

docente natura	die Natur lehrt
causa inventa	die Ursache ist gefunden worden
Gallis expugnaturis	die Gallier wollen erobern
natura reluctante	die Natur leistet Widerstand
nolentibus nobis	wir wollen nicht

Im Deutschen können wir diese Konstruktion nicht anwenden. Wir machen den **Ablativus absolutus** am besten zu einem **Nebensatz**, den wir mit einer Konjunktion an den übergeordneten Satz anhängen.

Unterstreiche in den Beispielsätzen die Konjunktionen, die die Nebensätze einleiten, mit denen wir die Ablativi absoluti übersetzt haben.

Wir können also feststellen, dass ein Ablativus absolutus nach dem gleichen Schema wie das Partizip aufgelöst wird.

Noch drei kurze Bemerkungen zum Ablativus absolutus:

1. Vergiss auch hier nicht, nach dem richtigen **zeitlichen Verhältnis zwischen Prädikat und Ablativus absolutus** zu forschen.
   Partizip Präsens Aktiv bedeutet **Gleichzeitigkeit** zum Prädikat,
   Partizip Perfekt Passiv bedeutet **Vorzeitigkeit** zum Prädikat,
   Partizip Futur Aktiv bedeutet **Nachzeitigkeit** zum Prädikat.

2. Am besten übersetzt du den Ablativus absolutus mit einem konjunktionalen Nebensatz ins Deutsche. Es gibt aber auch andere Übersetzungsmöglichkeiten, die du vom Participium coniunctum her schon kennst:

Beispiele
Übersetzung

Sole oriente omnibus in terris galli canunt.
Wenn die Sonne aufgeht, krähen in allen Ländern die Hähne.
Bei Sonnenaufgang krähen in allen Ländern die Hähne.
Die Sonne geht auf, und in allen Ländern krähen die Hähne.

Welche Übersetzungsmöglichkeit wurde bei der zweiten und dritten Übersetzung benutzt?

____

3. Selten ist das Partizip im Ablativ durch ein **Adjektiv** oder ein **Substantiv** ersetzt, wie in folgenden Sätzen:

Beispiele

1. *Hannibale vivo Carthaginienses de salute non desperaverunt.*
   Solange Hannibal lebte, zweifelten die Karthager nicht an ihrer Rettung (oder besser: gaben die Karthager die Hoffnung auf Rettung nicht auf).
2. *Cicerone et Antonio consulibus Catilina ex urbe effugit.*
   Als Cicero und Antonius Konsuln waren (oder: unter dem Konsulat von Cicero und Antonius) floh Catilina aus der Stadt.

Zum Schluss des Kapitels sehen wir uns, wie versprochen, einige Sätze aus den naturwissenschaftlichen Schriften des Plinius an.
Wir wollen eine kleine Übung damit verbinden.

Kennzeichne ein **Participium coniunctum** und sein Beziehungswort durch Pfeile darunter und grenze einen **Ablativus absolutus** durch Klammern vom übrigen Satz ab.

1. *Formicae semina arrosa*[1] *condunt, ne rursus in fruges exeant e terra.*
   Ameisen speichern Samenkörner, wenn sie sie angenagt haben, damit sie nicht wieder in Pflanzen verwandelt aus der Erde kommen.
2. *Soli animalium non sitientes bibimus.*
   Wir allein von allen Lebewesen trinken, ohne dass wir Durst haben.
3. *Cor laesum mortem ilico affert.*
   Die Verletzung des Herzens führt sofort zum Tod.
4. *Canicula exoriente fervent maria, fluctuat in cellis vinum.*
   Wenn der Hundsstern aufgeht, brausen die Meere, schäumt in den Kellern der Wein.[2]

1 rodere; rodo, rosi, rosum = nagen
2 Der Hundsstern ist der Sirius, der hellste Stern am Himmel. Er spielt im altägyptischen Kalender eine wichtige Rolle, da er das Nilhochwasser ankündigt.

Da die Beherrschung von Partizipialkonstruktionen für einen sicheren Lateiner notwendig ist, solltest du alle Beispielsätze dieses Kapitels noch einmal wiederholen. Dabei darfst du nicht vergessen:

Das Participium coniunctum hat ein Bezugswort im Satz.
Der Ablativus absolutus steht unverbunden neben dem Satz.

Und nochmal der Ablativus absolutus!
Hier findest du viele immer mal wiederkehrende Wendungen und eine Eselsbrücke zum Erkennen der zeitlichen Beziehung.

1. Endet das Partizip auf *-nte* oder *-ntibus*, kann es nur Partizip Präsens sein. Du übersetzt mit **„während"** und du hast die Gleichzeitigkeit.

hieme redeunte	während der Winter zurückkommt
patre absente	während Vater nicht da ist
matre adiuvante	während die Mutter hilft, mithilfe der Mutter
consulibus consentientibus	während die Konsuln zustimmen, mit Zustimmung der Konsuln
omnibus praesentibus	während alle da sind, bei (in) Anwesenheit aller

Jetzt ohne „während":

deis adiuvantibus	mithilfe der Götter
sole oriente	bei Sonnenaufgang
fame vexante	bei quälendem Hunger

Zu dieser Gruppe gehören auch die Ausdrücke, bei denen wir uns ein Partizip Präsens denken müssen:

Caesare consule	während Cäsar Konsul war, unter dem Konsulat von Cäsar
Alexandro vivo	zu Lebzeiten Alexanders
Cicerone auctore	auf Veranlassung Ciceros

2. Endet das Partizip auf *-o, -a, -is* (und ist es nicht ein Partizip Futur auf *-urus*, was seltener vorkommt), dann übersetzt du mit **„nachdem" und Passiv**, so hast du die Vorzeitigkeit. Dann erst versuchst du eine elegantere deutsche Formulierung:

navibus aedificatis	nachdem die Schiffe gebaut worden sind, nach dem Bau der Schiffe
fundamentis positis	nachdem die Fundamente gelegt worden sind
labore confecto	nach Beendigung der Arbeit
hostibus superatis	nach dem Sieg über die Feinde

Nur die **Deponentien** haben ein Partizip Perfekt mit aktiver Bedeutung:

Alexandro imperium mundi nacto	nachdem Alexander die Weltherrschaft erreicht hatte

Abschlusstest zum Ablativus absolutus

Unterstreiche bei folgenden Sätzen jeweils den Abl. abs. und übersetze dann den Text:

1. Alexander exploratis regionibus copias castris eduxit.
2. Philippo patre mortuo fines orbis terrarum petivit.
3. Alexandro duce milites ad ultimas gentes pervenerunt.
4. Pilatus convocatis principibus sacerdotum dixit: Nihil dignum morte actum est ab eo.
5. Militibus vigilantibus hostes non aggrediebantur.
6. Hieme redeunte plurimae aves avolant.
7. Romani Hannibale vivo numquam se sine insidiis futuros esse arbitrabantur.
8. Haec omnia facta sunt me invito.
9. Hostes signis nostris conspectis in munitiones se receperunt.
10. Servis morantibus dominus ipse ianuam aperuit.
11. Graeci ad ludos Olympicos profecti pacem observabant.
(Vorbereitung zum nächsten Satz: Achtung Deponens!)
12. Viris Graecis ad ludos Olympicos profectis mulieres agros colebant.
13. Sepulcro aperto fures thesaurum invenerunt.
14. Domibus a tempestate deletis concursus hominum ad forum fit.
15. Rege milites suos hortato agmen arcem ascendit.
16. Imperatore condiciones pacis aspernato senatores indignati sunt.
17. Comitibus praecepta deorum oblitis Ulixes sollicitus erat.
18. Navibus deletis clamor fiebat.

Die Modi – Aussageweisen

1. Indikativ und Konjunktiv

Beispiel

Vivamus, mea Lesbia, atque amemus! –
Wir wollen leben, meine Lesbia, und lieben!

So beginnt der römische Dichter Catull (84–55 v. Chr.) ein Liebesgedicht. Die Frau, an die sich diese Aufforderung richtet, war Clodia, eine verheiratete, gebildete, elegante Frau, die Schwester jenes Volkstribunen Clodius Pulcher, den wir schon einmal erwähnt haben. Catull nennt Clodia in seinen Gedichten „Lesbia“, wobei seine Verehrung für die große griechische Dichterin von der Insel Lesbos, Sappho (um 600 v. Chr.), anklingt.

An dieser Zeile können wir eine wichtige Beobachtung machen:
Catull sagt nicht: *Vivimus, mea Lesbia, atque amamus.* Er gebraucht nicht die **Aussageweise (Modus)** des **Indikativs**, der einfach die gegebene **Tatsache** ausdrückt (vgl. *indicare* = etwas angeben, berichten). Die Zeile Catulls enthält einen **Wunsch**, sie steht in der **Aussageweise (Modus)** des **Konjunktivs**. Mit ihm wollen wir uns in diesem Kapitel vor allem beschäftigen.

Der **Konjunktiv** drückt aus, dass die Aussage eng mit der persönlichen Einstellung des Sprechenden verbunden ist (vgl. *coniungere* = verbinden). **Wünscht** der Sprecher etwa das Gesagte oder **bezweifelt** er es, steht der Konjunktiv.

2. Der Konjunktiv als Wunsch (Optativ)

Hier bezeichnet der **Konjunktiv** also einen **Wunsch**, er ist als **Optativ** (vgl. *optare* = wünschen) gebraucht, wie die lateinischen Grammatiker sagen. Wir benützen diesen Ausdruck auch heute noch.
Da gerade in der Liebe vieles nur Wunsch ist, spielt in den betreffenden Aussagen der Konjunktiv eine wichtige Rolle. Zwei Beispiele dafür aus den an pompejanischen Wänden gefundenen Kritzeleien:

Beispiele

Sic tibi contingat semper florere, Sabina, sisque puella diu.
Möge es dir gelingen, Sabina, immer so blühend auszusehen und mögest du lang ein junges Mädchen sein!

Sic semper habeas Venerem propitiam.
Mögest du Venus immer so gnädig finden!

Bei den folgenden Beispielsätzen kommt es darauf an, dass du erkennst, welchen **Bedeutungsunterschied** der verschiedene **Zeitgebrauch** ausmacht. Der Optativ kann nämlich im Konjunktiv Präsens, Imperfekt, Perfekt und Plusquamperfekt stehen.

Optativ (Konjunktiv Präsens):

Beispiele

1. *Valeant cives mei, sint beati.*
   Mögen meine Mitbürger gesund sein, mögen sie glücklich sein!
2. *Imitemur maiores nostros.*
   Lasst uns unsere Vorfahren nachahmen![1]
3. *In re rustica operae ne parcas.*
   In der Landwirtschaft solltest du (mögest du) Mühe nicht scheuen!
4. *Utinam ne mei obliviscaris umquam.*
   Mögest du mich doch nie vergessen!
5. *Quidquid veniet in mentem, mihi scribas.*
   Was dir auch in den Sinn kommt, solltest du mir schreiben!

*1 Einen Optativ in der 1. Person Plural nennt man auch **Hortativ** (vgl. „hortari" = auffordern)*

Wir merken uns:

Zu 1.–5. Der Konjunktiv Präsens drückt einen **erfüllbaren Wunsch** aus, der sich auf die **Gegenwart** bezieht.

Zu 4. Der Optativ kann durch ein vorangestelltes *utinam* (= wenn doch, dass doch) verstärkt werden.

Zu 3.+4. Die Verneinung wird meist durch *ne* ausgedrückt.

Zu 1.+4. Im Deutschen kann der Wunsch durch ein zum Prädikat gestelltes „mögen" wiedergegeben werden.

Optativ (Konjunktiv Perfekt):

Beispiele

1. *Utinam filius sanus in Graeciam venerit.*
   (Möge mein Sohn gesund in Griechenland angekommen sein.)
   Hoffentlich ist mein Sohn gesund in Griechenland angekommen.
2. *Puella pulchra te aspexerit.*
   Hoffentlich hat dir das schöne Mädchen einen Blick zugeworfen (hat es dich angeschaut).
3. *Muneribus tuis bene functus sis.*
   Hoffentlich hast du deine Aufgaben gut bewältigt.

Der Konjunktiv Perfekt drückt einen **erfüllbaren Wunsch** aus, dessen **Verwirklichung bereits eingetreten** ist. Der Sprecher weiß es nur noch nicht genau. Mit „hoffentlich" kann man diesen Wunsch gut übersetzen.

Optativ (Konjunktiv Imperfekt):

Beispiele

1. *Utinam modo nostra redirent in mores tempora priscos.*
   Wenn doch nur unsere Zeiten zu den alten Sitten zurückkehren könnten!
2. *Utinam saluti nostrae consulere possemus.*
   Wenn wir doch für unsere Rettung sorgen könnten!
3. *Si pater viveret, utinam ne mortuus esset.*
   Wenn der Vater noch lebte, wenn er doch nicht tot wäre!

Der letzte Beispielsatz zeigt die Funktion des Konjunktiv Imperfekt am klarsten: Er drückt einen **unerfüllbaren Wunsch** aus, der sich auf die **Gegenwart** bezieht.

Optativ (Konjunktiv Plusquamperfekt):

Beispiele

1. *Utinam Augustus Germaniam vincere tanti ne putavisset.*
   Wenn doch Augustus es nicht für so wichtig gehalten hätte, Germanien zu besiegen!
2. *Utinam prudentior fuissem.*
   Wenn ich doch klüger gewesen wäre!
3. *Utinam non inimico, sed amico credidissem.*
   Wenn ich doch nicht dem Feind, sondern dem Freund geglaubt hätte!
4. *Ne Caesar tam immature necatus esset.*
   Wäre doch Cäsar nicht so früh ermordet worden!

Du siehst, der Konjunktiv Plusquamperfekt drückt einen **unerfüllbaren Wunsch** aus, der sich auf die Vergangenheit bezieht.

Ergänze folgende Tabelle, indem du die richtige Zeitstufe des Konjunktivs einträgst:

Wunsch	für die **Gegenwart**	für die **Vergangenheit**
erfüllbar	Konj.	Konj.
unerfüllbar	Konj.	Konj.

Sollte dir diese grammatikalische Feinheit der Erfüllbarkeit oder Unerfüllbarkeit Schwierigkeiten machen, dann ist das nicht so schlimm. Wenn du die lateinischen Zeiten wörtlich ins Deutsche überträgst, kannst du kaum Fehler machen.

Eine Ergänzung zum Optativ:

Beispiele

1. *Velim mihi ignoscas.*
   Ich möchte, dass du mir verzeihst.
2. *Vellem adesse posset Panaetius.*
   Ich wollte, Panaetius könnte da sein.

Statt mit *utinam* kann ein Optativ auch durch ein vorangestelltes *velim* oder *vellem* (*velle* = wollen) verstärkt werden.

Wiederholung der Konjunktivformen:
Lass dich von den vielen Aussageweisen nicht verwirren! Solltest du dir mit diesen Formen nicht mehr sicher sein, betrachte die Tabelle. Sie zeigt die Konjunktive entsprechend den Zeiten und Verbgruppen.

Verben auf: Beispiel:	*-are* *amare*	*-ēre* *studere*	*-ire* *venire*	*-ĕre* *agere*	*esse*
Konjunktiv Präsens	amem	studeam	veniam	agam	sim
Imperfekt	amarem	studerem	venirem	agerem	essem
Perfekt	amaverim	studuerim	venerim	egerim	fuerim
Plusquam-perfekt	amavissem	studuissem	venissem	egissem	fuissem

Die Passivformen bzw. die Formen der Deponentien ändern im Präsensstamm nur die Endungen *(-r, -ris, -tur, -mur, -mini, -ntur)* und im Perfekt verbindet sich das Partizip Perfekt mit den Formen von *esse*.

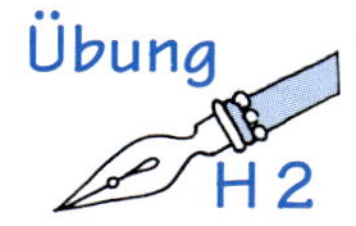

Lege dir eine Tabelle nach dem Beispiel oben an und trage folgende Verbformen aus den vorherigen Sätzen an der richtigen Stelle ein; die Formen von *posse* zu *esse:*
amemus (amare), credidissem (credere), habeas (habere), ignoscas (ignoscere), imitamur (imitari), functus sis (fungi), putavisset (putare), rediret (redire), possemus (posse), venerit (venire)

3. Der Konjunktiv als Zweifel (Potentialis)

Neben dem Optativ kann der Konjunktiv als **Potentialis** gebraucht werden. Dann drückt er aus, dass der Sprecher sich seiner Sache **nicht ganz sicher** ist. Auch hier gibt es im Deutschen mehrere Übersetzungsmöglichkeiten für diese Zweifel. Schau dir folgende Beispielsätze an. Achte wieder darauf, in welchem **Tempus** der Konjunktiv steht!

Der Potentialis der Gegenwart:

Beispiele

1. *Quis hoc credat?*
   Wer sollte das glauben?
2. *Vix te amicum meum esse affirmaverim.*
   Ich möchte kaum behaupten, dass du mein Freund bist.
3. *Dies deficiat me enumerantem omnes malos, quibus bene evenerit.*
   Ein Tag dürfte nicht ausreichen, wenn ich alle Schlechten, denen es gut gegangen ist, aufzählen wollte.
4. *Quis sapiens bono confidat fragili?*
   Welcher Weise wird wohl auf vergängliches Gut vertrauen?
5. *Quis eum diligat, quem metuat?*
   Wer wird den lieben wollen, den er fürchten muss?
6. *Haud facile dixerim, utrum sit melius.*
   Ich könnte nicht leicht sagen, was besser ist.
7. *Reperias multos consilia periculosa securis rebus anteponentes.*
   Wahrscheinlich findest du viele, die gefährliche Pläne einer sicheren Lage vorziehen.
8. *Nemo sapiens sua sponte permaneat in errore.*
   Kein vernünftiger Mensch verharrt wohl freiwillig im Irrtum.
9. *Ego cum Platone non invitus erraverim.*
   Mit Plato möchte ich nicht ungern irren.

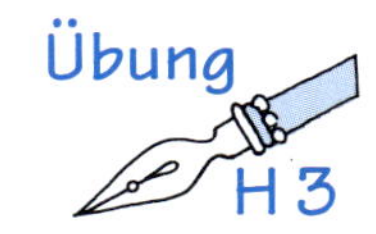

Unterstreiche in den deutschen Übersetzungen, welche Ausdrücke die Unsicherheit des Sprechers zeigen.

Sicher ist dir aufgefallen, dass neben dem **Konjunktiv Präsens** auch der **Konjunktiv Perfekt** hier Aussagen für die Gegenwart enthält.

Merke dir als wichtige Regel:

Der Potentialis der Gegenwart wird durch den Konjunktiv Präsens oder Perfekt ausgedrückt.

Willst du dich bei der Übersetzung des Potentialis nicht auf dein Sprachgefühl verlassen, prägst du dir am besten folgende vier Übersetzungsmöglichkeiten ein:

könnte   sollte   dürfte   wohl

Probieren wir diese vier noch einmal an einem Satz aus:

Beispiel

Quis sapiens bono confidat fragili?

Welcher Weise könnte auf vergängliches Gut vertrauen?
sollte
dürfte
baut wohl

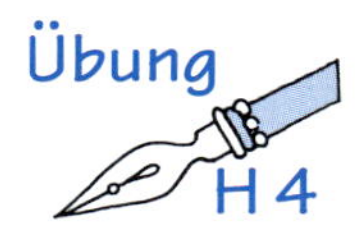

Spiele diese vier Übersetzungsmöglichkeiten auch an folgendem Satz durch:
Aliorum naturam saepe imitans mittas tuam.

____

____

____

____

Potentialis der Vergangenheit:

Nun schauen wir uns den **Potentialis der Vergangenheit** an: Achte wieder auf das Tempus!

Beispiele

1. *Quid facerem?*
   Was hätte ich tun sollen?
2. *Vix crederes linguam Latinam te delectare.*
   Du hättest wohl kaum geglaubt, dass dir Latein Spaß macht.

Da der Potentialis der Vergangenheit sehr selten vorkommt, sollen diese Beispiele genügen. Sicher ist dir folgende Regel schon klar geworden:

Der Potentialis der Vergangenheit wird durch den Konjunktiv Imperfekt ausgedrückt.

Hier prägst du dir am besten die Übersetzungsmöglichkeiten ein:
hätte können / hätte sollen

Probiere sie an zwei Sätzen aus.

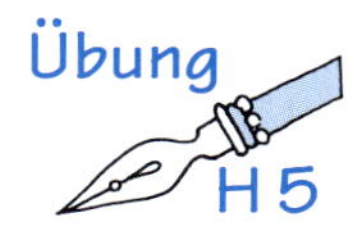

1. Vix quisquam Caesarem ingenio superaret.

____

2. Nemo eum nuntium terribilem crederet.

____

4. Der Konjunktiv als Unmöglichkeit (Irrealis)

Drückt der Potentialis einen gewissen Zweifel an der eigenen Aussage aus, so bedeutet der Irrealis von vornherein, dass die Aussage **nur eine Ausnahme** ist und **nicht Wirklichkeit**.
In den Irrealis brauchst du dich nicht zu vertiefen, denn die Konstruktion ist im Lateinischen und im Deutschen dieselbe:
In beiden Sprachen wird der **Irrealis der Gegenwart** durch den **Konjunktiv Imperfekt**, der **Irrealis der Vergangenheit** durch den **Konjunktiv Plusquamperfekt** ausgedrückt. Du brauchst nur wörtlich zu übersetzen:

Beispiele

1. *Te visitarem, nisi aegrotarem.*
   Ich würde dich besuchen, wenn ich nicht krank wäre.
2. *Te visitavissem, nisi aegrotavissem.*
   Ich hätte dich besucht, wenn ich nicht krank gewesen wäre.
3. *Sapientia non expeteretur, si nihil efficeret.*
   Man würde nicht nach Weisheit streben, wenn sie nichts bewirken würde.

4. *Alexander totum orbem terrarum subegisset, nisi antea obisset.*
   Alexander hätte den ganzen Erdkreis unterworfen, wenn er nicht vorher gestorben wäre.
5. *Si dormientes agerent, quae somniarent, omnes alligandi essent.*
   Wenn die Schlafenden täten, was sie träumten, müsste man alle anbinden.
6. *Si thesaurum auri invenisses, nunc dives esses.*
   Wenn du den Goldschatz gefunden hättest, wärest du jetzt reich.

„Wenn das Wörtchen wenn nicht wär, wär mein Vater Millionär!" Leider existiert das Wörtchen **wenn**, und der Vater ist kein Millionär. Der Irrealis steht meist in einer **konditionalen Verbindung**, d. h. dem Hauptsatz ist ein **Nebensatz der Bedingung** beigegeben, der mit *si* (wenn) oder *nisi* (wenn nicht) eingeleitet wird.

Fassen wir das Kapitel noch einmal zusammen:

Ist der Indikativ in einem Hauptsatz durch den Konjunktiv ersetzt, kann ein Optativ, ein Potentialis oder ein Irrealis vorliegen.
Den Irrealis erkennst du am konditionalen Nebensatz (eingeleitet mit *si* oder *nisi*).

Beim Potentialis und Optativ könntest du manchmal unsicher werden. Steht ein *utinam (velim* oder *vellem)* beim Konjunktiv, weißt du, es ist ein Optativ. Sonst siehst du leicht am Sinn des Satzes, ob ein Wunsch oder ein Zweifel ausgedrückt werden soll.

Versuche es mit folgenden Sätzen: Übersetze und bestimme den Konjunktiv.

1. Utinam patriam numquam reliquissem.

____

2. Amici me semper ament, inimici vitent.[1]

____

3. Deis bonis solum homines boni placeant.

____

4. Si te vidissem, te rogavissem.

____

5. Utinam deus omnibus immortalitatem daret.

____

[1] *Hier ergibt der Optativ eher einen Sinn als der Potentialis.*

6. Nisi laboraret, servus cibum non haberet.

____

7. Amica iam venerit, eam videam.[1]

____

8. Quis tyranno crudeli ignosceret?

____

1 Hier sind Optativ und Potentialis möglich.

Zum Schluss wollen wir dir noch als Belohnung für deine Mühe das ganze Gedicht Catulls vorlegen. Die erste Zeile hat dich sicher schon neugierig gemacht.

Beispiel

Vivamus, mea Lesbia, atque amemus rumoresque senum severiorum omnes unius aestimemus assis! soles occidere et redire possunt: nobis cum semel occidit brevis lux, nox est perpetua una dormienda.	Meine Lesbia, lass uns leben und lieben! Das Gerede der alten, engstirnigen Leute soll uns nicht ein Ass wert sein. Sonnen können sinken und wiederkehren. Für uns gibt es das Licht nur einmal und nur kurz, und wenn es verloschen ist, dann müssen wir schlafen in dauernder Nacht.
Da mi basia mille, deinde centum, dein mille altera, dein secunda centum, deinde usque altera mille, deinde centum. dein, cum milia multa fecerimus, conturbabimus illa, ne sciamus aut ne quis malus invidere possit, cum tantum sciat esse basiorum.	Gib mir tausend Küsse, dann hundert, dann die nächsten tausend und nochmal hundert, und nochmal tausend und hundert. Dann, wenn es viele tausend Küsse sind, wollen wir die Zahl verwischen, damit wir sie nicht mehr wissen und uns keiner darum beneiden kann, wenn er weiß, dass es so viele sind.

5. Der Imperativ

Zu den Modi, den Aussageweisen, gehört auch der **Befehl**.
Befehlssätze erkennst du heute in den Schulausgaben leicht, weil in den lateinischen Texten ein Ausrufezeichen am Ende steht. Wir erinnern dich hier nur nochmal an die Formen:

Imperativ I

Beispiele

Lauda/laudate discipulos! — Lobe/Lobt die Schüler!
Audi/audite magistros! — Höre/Hört auf die Lehrer!

Imperativ II

Das ist auch die Form für Gesetzesvorschriften; in dieser Form waren die ersten römischen Gesetze, das Zwölftafelgesetz, aufgeschrieben:

Beispiele

SI IN IUS VOCAT, ITO.
Wenn man vor Gericht gerufen wird, muss man gehen.

MANU FUSTIVE SI OS FREGIT LIBERO, CCC, SI SERVO, CL POENAM SUBITO.
Wenn einer mit der Hand oder einem Stock jemand einen Knochen bricht, muss er sich einer Strafe von 300 Ass unterziehen, wenn er einen freien Mann getroffen hat, und einer Strafe von 150 Ass bei einem Sklaven.

SI INIURIAM FAXSIT; VIGINTI QUINQUE POENAE SUNTO.
Für eine Beleidigung sollen es 25 Asse Strafe sein.

Der verneinte Imperativ

wird auch **Prohibitiv** (*prohibere* = verhindern) genannt. Er wird entweder durch *ne* + Konjunktiv Perfekt oder mit *noli/nolite* + Infinitiv gebildet:

Beispiel

Ne me quaesiveris!
Noli me quaerere!
Frag mich nicht!

Der AcI (Accusativus cum Infinitivo)

Beispiel

Appius ait fabrum esse suae quemque fortunae. –
Appius sagt, dass jeder seines Glückes Schmied sei.

Dass der Konsul des Jahres 307 v. Chr., Appius Claudius Caecus, dieses Sprichwort prägte, berichtet uns der im 1. Jh. v. Chr. schreibende Historiker Sallust. Heute weiß kaum mehr jemand etwas von dem Vater dieses Sprichworts, wohl aber kennen viele die Via Appia, die in der Antike Rom mit Brindisi verbunden hat und die Appius erbauen ließ. Solltest du einmal in Rom sein, wirst du sie sicher anschauen und ein Stück nach Süden verfolgen. Du findest an den Seiten der gut erhaltenen Straße die Grabmäler vornehmer römischer Familien.

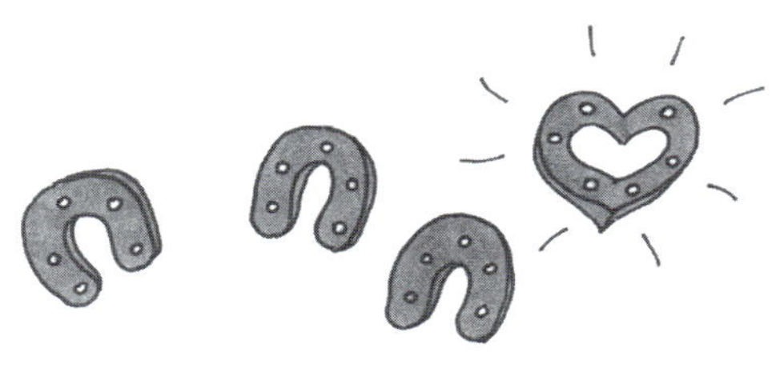

Sicher hast du gleich bemerkt, dass im Satz des Sallust ein **AcI**, ein **Accusativus cum Infinitivo**, vorliegt, der – und das hast du schon oft gehört – mit einem **dass-Satz** ins Deutsche zu übersetzen ist.
Der **AcI** ist für dich nichts Neues. Da er aber so wichtig ist, wollen wir ihn hier kurz wiederholen.

Folgende Sätze zeigen dir seine Entstehung:

Beispiele

1. *Te cantare audio.*
   Ich höre dich singen.
   Ich höre, dass du singst.
2. *Avem volare video.*
   Ich sehe den Vogel fliegen.
   Ich sehe, dass der Vogel fliegt.
3. *Video equos in circo celeriter currere.*
   Ich sehe die Pferde im Zirkus schnell rennen.
   Ich sehe, dass die Pferde im Zirkus schnell rennen.

In diesen Sätzen kann der **AcI** wörtlich ins Deutsche übertragen werden. Wir sehen: Es gibt auch im Deutschen (nach den Verben der Sinneswahrnehmung) den AcI. Wie ist er grammatikalisch zu erklären?

Es liegt ein einfaches Satzmodell vor:

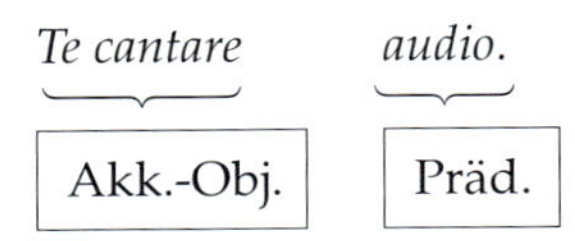

An der **Objektstelle** des Satzes steht einmal *te*, zum Zweiten *cantare*, beides verstrickt zum **AcI**, der nun zu einem satzartigen Gebilde mit einem **Subjekt** (*te* – du) und einem **Prädikat** (*cantare* – singen) geworden ist: Ich höre, **dass du singst**.

Merke:

Der A (Akkusativ) wird zum Subjekt,
der I (Infinitiv) wird zum Prädikat des dass-Satzes.

Schau dir nun die folgenden Beispiele an:

Beispiele

Sentio te dormire.
Scio te mendacem esse.

Selbstverständlich ist hier die wörtliche Übersetzung nicht mehr möglich, wir sagen:

Beispiele Übersetzung

Ich merke, dass du schläfst.
Ich weiß, dass du ein Lügner bist.

Wie jeder gewöhnliche Satz kann das satzartige Gebilde des AcI **erweitert** werden.

Wir schreiben unter die Erweiterung jeweils die Bezeichnung der Satzteile. Deine Aufgabe ist es, die Sätze zu übersetzen:

1. *Audio te miserum ferociter clamare.*

Audio	*te*	*miserum*	*ferociter*	*clamare.*
	Akkusativ des AcI	Attribut	Adverb	**Infinitiv des AcI**

2. *Scio omnes homines mortales esse.*

Scio	*omnes*	*homines*	*mortales*	*esse.*
	Attribut	**Akkusativ des AcI**	Prädikats-nomen	**Infinitiv des AcI**

3. *Magister questus est discipulos non omnia necessaria discere.*

Magister questus est	*discipulos*	*non*	*omnia necessaria*	*discere.*
	Akkusativ des AcI		Akkusativ-objekt	**Infinitiv des AcI**

Bevor wir weitergehen, wollen wir die entscheidende Regel für den AcI formulieren:

Nach den Verben des Sprechens (verba dicendi),
nach Verben des Wahrnehmens und Denkens (verba sentiendi)
und nach den Verben des Gefühls (verba affectus)
steht im Lateinischen der AcI, im Deutschen ein dass-Satz.

1. Verben mit AcI

Es kann nicht schaden, wenn wir die häufigsten Verben des Sprechens, des Denkens und des Gefühls einmal kurz zusammenstellen und wiederholen. Überlege, ob du die Stammformen zu diesen Verben noch kannst (wenn nicht, dann schau bitte im Vokabelverzeichnis am Ende des Buches nach)!

Verben des Sagens: (verba dicendi)	*dicere*		sagen, dass
	contendere		behaupten, dass
	negare		verneinen, dass/ sagen, dass nicht
	respondere	+ AcI	antworten, dass
	tradere		überliefern, dass
	docere		lehren, dass
	polliceri		versprechen, dass
	simulare		vorgeben, dass
	persuadere		überzeugen, dass

Verben der Wahrnehmung und des Denkens: (verba sentendi)	*animadvertere*		wahrnehmen, dass
	audire		hören, dass
	comperire		erfahren, dass
	videre		sehen, dass
	intellegere		einsehen, dass
	putare	+ AcI	glauben, dass
	sperare		hoffen, dass
	suspicari		argwöhnen, dass
	confidere		vertrauen, dass
	scire		wissen, dass
	oblivisci		vergessen, dass

Verben des Gefühls: (verba affectus)			
	gaudere		sich freuen, dass
	dolere		es als schmerzlich empfinden, dass
	indignari	**+ AcI**	unwillig sein, dass
	mirari		sich wundern, dass
	aegre ferre		ungehalten sein, dass
	cupere		(heftig) wünschen, dass

Hier sollten wir auch die wichtigsten **unpersönlichen Ausdrücke** wiederholen, von denen ebenfalls ein AcI abhängen kann. Sie enthalten eigentlich alle den Gedanken einer Person, auch wenn diese Person nicht genannt ist, deshalb unpersönliche Ausdrücke:

licet	es ist erlaubt, dass
paenitet	es reut, dass
praestat	es ist besser, dass
constat	es ist bekannt, dass
opus est	es ist nötig, dass
necesse est	es ist nötig, dass
oportet	es gehört sich, dass
decet	es ziemt sich, dass

Noch eine Anmerkung zum Übersetzen:

Nach den unpersönlichen Ausdrücken und nach den Verben des Sagens kannst du auch mit dem **bloßen Infinitiv** bzw. mit der **indirekten Rede** ins Deutsche übersetzen:

Beispiele

1. *Praestat homines iniuriam accipere quam facere.*
   Es ist besser, dass die Menschen Unrecht erfahren als tun.
   Es ist für die Menschen besser, Unrecht zu erfahren als zu tun.[1]
2. *Socrates docebat animam immortalem esse.*
   Sokrates lehrte, die Seele sei unsterblich.

1 Dieser Satz stammt von dem griechischen Philosophen Sokrates. Er hat ihn mit seinem Tod nur zu wahr gemacht.

Nun zu einer wichtigen Sache!

1.1 Die Zeitenfolge beim AcI

Wir nehmen ausnahmsweise immer den gleichen Beispielsatz, um deutlich zu zeigen, worauf es ankommt. Achte auf die **Zeit (Tempus), in der der Infinitiv steht!**

Beispiele

Caesar gaudet hostes cedere (fugari).
Cäsar freut sich, dass die Feinde weichen (in die Flucht geschlagen werden).

Caesar gavisus est[1] hostes cedere (fugari).
Cäsar freute sich, dass die Feinde wichen (in die Flucht geschlagen wurden).

Caesar gaudet hostes cessisse (fugatos esse).
Cäsar freut sich, dass die Feinde gewichen sind (in die Flucht geschlagen worden sind).

Caesar gavisus est hostes cessisse (fugatos esse).
Caesar freute sich, dass die Feinde gewichen waren (in die Flucht geschlagen waren).

Caesar gaudet hostes cessuros esse (fugatum iri).[2]
Cäsar freut sich, dass die Feinde weichen wollen (in die Flucht geschlagen werden sollen).

Caesar gavisus est hostes cessuros esse (fugatum iri).
Cäsar freute sich, dass die Feinde weichen wollten (in die Flucht geschlagen werden sollten).

*1 „gaudere, gaudeo, gavisus sum": ein **Semideponens**, d. h., das Verb hat aktive Bedeutung, im Präsensstamm aktive, im Perfektstamm aber passive Formen.*

*2 Der **Infinitiv Futur Passiv** ist unveränderlich: Es handelt sich um ein ursprüngliches **Supin** auf „-um + iri".*

Jetzt formulieren wir die zweite entscheidende Regel für den AcI:

Regel

Ein Infinitiv Präsens sagt, dass die im AcI beschriebene Handlung zur selben Zeit abläuft, wie die des Verbs, von dem der AcI abhängt (= Gleichzeitigkeit).

Ein Infinitiv Perfekt sagt, dass die Handlung des AcI schon vor der Handlung des Verbs, von dem der AcI abhängt, abgelaufen ist (= Vorzeitigkeit).

Ein Infinitiv Futur sagt, dass die im AcI beschriebene Handlung erst nach der Handlung des Verbs, von dem der AcI abhängt, stattfinden wird (= Nachzeitigkeit).

In den Beispielsätzen sind dir alle sechs Möglichkeiten des Infinitivs im Lateinischen begegnet. Bilde nach diesen Beispielen alle Infinitive von *laudare, monere, audire, regere,* indem du folgende Tabelle ergänzt:

Präsens	**Perfekt**	**Futur**	
laudare	__________	__________	**Aktiv**
monere	__________	__________	
audire	__________	__________	
regere	__________	__________	
laudari	__________	__________	**Passiv**
moneri	__________	__________	
audiri	__________	__________	
regi	__________	__________	

Nun sind wir schon weit gekommen. Noch eine kleine, freilich nicht unwichtige Ergänzung zum AcI:
Wer ist in den folgenden Sätzen eigentlich gemeint?

Beispiele

Scit eum optimum discipulum esse. Itaque tristis est.
Er weiß, dass er(?) der beste Schüler ist. Deshalb ist er traurig.

Scit se optimum discipulum esse. Itaque laetus est.
Er weiß, dass er (selbst) der beste Schüler ist. Deshalb ist er froh.

Sicher ist im ersten Satz ein Mitschüler der Beste, im zweiten Satz der Wissende selbst. Da sich im zweiten Satz das Pronomen im Akkusativ auf den, der weiß, zurückbezieht, ist das **Reflexivpronomen**, das **rückbezügliche Fürwort**, gebraucht.

In folgenden Sätzen machen wir dieselbe Beobachtung:

Beispiele

Aegre fert puellas musculos eius mirari.
Er ärgert sich, dass die Mädchen seine (eines anderen) Muskeln bewundern.

Gaudet puellas musculos suos admirari.
Er freut sich, dass die Mädchen seine (eigenen) Muskeln bewundern.

Im zweiten Satz ist wieder ein **reflexives Pronomen** gebraucht: das besitzanzeigende Fürwort *suus, sua, suum* **(Possessivpronomen)**. Damit sind im Gegensatz zur ersten Aussage die eigenen Muskeln gemeint, die des Jungen, der sich freut.

Merke dir die Regel:

Reflexive Pronomen im AcI beziehen sich auf das Subjekt des Satzes, von dem der AcI abhängt.

1.2 Der NcI (Nominativus cum Infinitivo)

In der lateinischen Sagenwelt gibt es einen alten Meeresgott, der die Fähigkeit hat, die verschiedensten Gestalten anzunehmen. Sein Name ist Proteus. Er kann auch die Zukunft vorhersagen. Durch seine Verwandlungen täuscht er die Leute und entzieht sich ihren lästigen Fragen. In allen Gestalten aber steckt doch immer ein und derselbe Proteus.

Der AcI ist gleichsam ein Proteus, dann nämlich, wenn er in die Gestalt des **NcI** schlüpft. Dann sieht er etwas anders aus, im Grunde bleibt er sich doch gleich. Schau dir folgende Beispielsätze genau an:

Beispiele

1. a) *Caesar iussit fabros pontem rescindere.*
   Cäsar befahl den Handwerkern[1], die Brücke einzureißen.
   b) *Fabri pontem rescindere iussi sunt.*
   Die Handwerker wurden beauftragt, die Brücke einzureißen.
2. a) *Incolae Miseni videbant nubes atras in caelo convolvi.*
   Die Einwohner von Misenum sahen, dass sich schwarze Wolken am Himmel zusammenballten.[2]
   b) *Nubes atrae in caelo convolvi videbantur.*
   Man sah, dass sich schwarze Wolken am Himmel zusammenballten. Oder: Schwarze Wolken schienen sich am Himmel zusammenzuballen.

1 Bei der Bundeswehr heißen diese „Handwerker" heute Pioniere.

2 Das war beim Vesuvausbruch im Jahre 79 n. Chr.

1 Gemeint sind die siegreichen Römer und der Einfluss der griechischen Kultur auf Rom.

3. a) *Horatius poeta dixit Graeciam captam ferum victorem cepisse.*
   Der Dichter Horaz sagte, dass das eroberte Griechenland den wilden Sieger seinerseits unterworfen habe.[1]
   b) *Graecia capta ferum victorem cepisse dicitur.*
   Man sagt, dass das eroberte Griechenland den wilden Sieger unterworfen habe.
   Oder: Das eroberte Griechenland soll den wilden Sieger unterworfen haben.
4. a) *Multi scriptores ferunt Homerum poetam caecum fuisse.*
   Viele Schriftsteller berichten, dass Homer blind gewesen sei.
   b) *Homerus caecus fuisse fertur.*
   Es wird berichtet (man berichtet), dass Homer blind gewesen sei.

Hast du bemerkt, dass der **AcI** sich dann in einen **NcI** verwandelt, wenn die **Person**, deren Gedanken im AcI ausgedrückt werden, **nicht mehr genannt ist**? Auf *Horatius dixit* folgt ein **AcI**. Ist der Sprecher Horaz nicht mehr genannt, wird vielmehr sein berühmter Satz ohne den Autor zitiert, dann tritt der **NcI** ein: *Graecia capta dicitur.*
Der **Akkusativ des AcI** wird zum **Subjekt im Nominativ** mit dem passiven Prädikat *dicitur*. Im Deutschen bietet sich häufig die Übersetzung mit „man" an:
„Man sagt, dass ...", denn das deutsche „man" lässt auch die sprechende Person im Ungewissen.

Postremo: Ridere licet!
Zum Schluss: Noch ein Witz!

Übersetze diese Sätze:

Omnes Romani mirantur imperatorem clarum sub arbore humatum esse. Puer prudens causam scit: Imperatorem mortuum esse, itaque sub arbore humatum esse.

____

____

____

____

Die Fragesätze

Casune mundus ipse est effectus et necessitate aliqua an ratione ac mente divina?
Ist die Welt an sich durch Zufall und aufgrund einer notwendigen Gesetzmäßigkeit entstanden oder durch Vernunft und göttlichen Geist?

Beispiel

Diese Frage, die sich Cicero in seinem Werk „*De natura deorum*" („Über das Wesen der Götter") stellt, ist von den zwei wichtigsten Philosophenschulen der Spätantike verschieden beantwortet worden. Wir wollen diese Antworten am Schluss des Kapitels kurz vorstellen. Wenn du dich für solche philosophisch-religiösen Probleme interessierst, kannst du dann ein wenig darüber nachdenken.

Aber nicht nur der Inhalt unseres Einleitungssatzes ist problematisch, auch die Form ist es: Es liegt eine sogenannte **Doppel- oder Wahlfrage** vor. Bevor wir uns dieser komplizierten Frageform zuwenden, wollen wir erst die einfachen Fragen anschauen.

1. Die Wortfrage

Am wenigsten Schwierigkeiten bei der Übersetzung werden dir Fragen machen, die mit einem **Fragewort** eingeleitet sind, wie folgende Beispiele:

Beispiele

Quis Caesarem dictatorem necavit?
Wer hat den Diktator Cäsar getötet?

Quomodo id amicis persuadebimus?
Wie werden wir die Freunde davon überzeugen?

Ubi Romae te conveniemus?
Wo werden wir dich in Rom treffen?

Cur tot gentes et tot homines animas mortalium immortales existimaverunt?
Warum haben so viele Völker und so viele Menschen die Seele der Sterblichen für unsterblich gehalten?

Quando quem amicorum videbimus?
Wann werden wir welchen von unseren Freunden sehen?

Da diese Fragesätze mit einem **Fragewort** eingeleitet werden, spricht man hier von **Wortfragen**.
Ist dir aufgefallen, dass mit dem Buchstaben *w* die deutschen Fragewörter beginnen und mit dem Buchstaben *qu* die meisten lateinischen Fragewörter anfangen?

Ein Hinweis:

Alle Fragen können auch im **Potentialis** gestellt werden, d. h. den Zweifel, die Unsicherheit des Sprechers ausdrücken. Dann stehen sie entweder im **Konjunktiv Präsens**, wenn sie sich auf die Gegenwart beziehen, oder im **Konjunktiv Imperfekt**, wenn sie sich auf die Vergangenheit beziehen, z. B.:

Beispiele

Quid faciam?
Was könnte ich tun?

Quid facerem?
Was hätte ich tun sollen?

Cur non confitear, quod scio?
Warum sollte ich nicht bekennen, was ich weiß?

Quis mihi tum crederet?
Wer hätte mir damals glauben sollen?

Der Potentialis in der Frage heißt Deliberativ (vgl. *deliberare* = überlegen).

Also, **Wortfragen** nennen wir die Sätze, die mit einem **Fragewort** („wer“, „wie“ usw.) nach einer Person, Sache oder nach einem Umstand fragen.

2. Die Satzfrage

Im Gegensatz dazu sprechen wir von **Satzfragen**, wenn ein Geschehen infrage gestellt wird. Im Deutschen sind die Satzfragen daran zu erkennen, dass das Prädikat den Satz einleitet. Da im Lateinischen das Prädikat nicht wie im Deutschen an eine bestimmte Stelle im Satz gebunden ist, hat das Lateinische andere **Signale für die Satzfrage** entwickelt:

-ne (Es hängt sich immer an ein anderes Wort an.)
num
nonne

Diese drei Signale[1] zeigen interessanterweise auch schon an, welche Antwort der Fragende erwartet. Das wollen wir dir klarmachen, indem wir eine beliebige deutsche Frage dreifach ins Lateinische übersetzen.

1 Man spricht hier auch von Fragepartikeln (Partikel = Sprachteilchen).

Beispiel

1. Liebt sie mich?
   Amatne me?

Nur die mit *-ne* gestellte Frage ist eine **echte Frage!**
Die Antwort ist offen, sie kann „Ja" oder „Nein" lauten.

Beispiel

2. Liebt sie mich?
   Num me amat?

Hier ist der Fragesteller überzeugt, dass sie ihn nicht liebt. Die **erwartete Antwort** ist „Nein". Wir können *Num me amat?* besser übersetzen mit:
„Liebt sie mich etwa?"

Beispiel

3. Liebt sie mich?
   Nonne me amat?

Hier erwartet der Fragende eine in seinem Sinne **positive Antwort:** „Doch, ja freilich." Auch hier können wir deutlicher übersetzen:
„Liebt sie mich denn nicht?"

Diese drei Möglichkeiten wollen wir an folgenden Beispielgruppen noch etwas einüben:

-ne

1. *In nostrane potestate est memoria nostra?*
   Liegt unser Gedächtnis in unserer Verfügungsgewalt?
2. Homerine libros iam legisti?

   ____

3. Potesne decem horas sine otio laborare?

   ____

Erwartete Antwort: „Ja/Nein".

1 Thukydides, bedeutender griechischer Historiker, lebte im 5. Jh. v. Chr.

num

1. *Num Thucydides melius quam Plato scribit?*
   Schreibt denn etwa Thukydides[1] besser als Plato?
2. Nos prodidisti! Num negare audes?

   ____
3. Num deum ipsum vidisti?

   ____

Erwartete Antwort: „Nein, natürlich nicht".

nonne

1. *Nonne canis lupo similis est?*
   Ist der Hund nicht dem Wolf ähnlich?
2. Nonne hoc dixi esse futurum?

   ____
3. Nonne poetae post mortem nobiles fieri volunt?

   ____

Erwartete Antwort: „Ja, freilich, doch ja".

Wenn wir hier als erwartete Antwort einfach „Ja" oder „Nein" schreiben, haben wir allerdings eine sonderbare Tatsache übersehen. Im Lateinischen gibt es diese Worte „ja" und „nein", die uns so selbstverständlich sind, gar nicht. Der Lateiner muss sie **umschreiben**.

Will er auf die Frage

Beispiele

Amatne me? antworten, so sagt er:

1. *Ita est.*
   So ist es.
2. *Me amat.*
   Sie liebt mich.
3. *Non ita est.*
   So ist es nicht.
4. *Mimine.*
   Keineswegs. Usw.

3. Die Wahlfrage

Bisher waren alle Fragen eindeutig. Es gibt aber auch – und damit kommen wir auf unseren Einleitungssatz des Kapitels zurück – **Doppel- oder Wahlfragen**. Sie heißen auch **disjunktive Fragen** (vgl. *disiungere* = trennen). Sie bieten die **Auswahl unter zwei Möglichkeiten** an, d. h., man kann sich für die eine **oder** die andere entscheiden: **„oder"** heißt lateinisch *an*.
Schau dir folgende Sätze an! Sie werden dir, nach dem bisherigen Training in Fragen, nicht mehr so große Schwierigkeiten machen:

Beispiele

Num unum caelum est an innumeralia?
Gibt es etwa nur einen Himmel oder sind es unzählige?

Studesne an venaris?
Studierst du oder gehst du auf die Jagd?

Ferarumne an hominum causa terra fruges gignit?
Bringt die Erde der Tiere oder der Menschen wegen Früchte hervor?

Poenis Romani bellum indicaverunt an Romanis Poeni?
Haben die Römer den Puniern den Krieg erklärt oder die Punier den Römern?

Isne est, quem quaero, annon (necne)?
Ist der es, den ich suche, oder nicht?

Num homines bestiis anteponis annon (necne)?
Ziehst du die Menschen den Tieren vor oder nicht?

Am Anfang der Sätze siehst du die gerade gelernten Fragepartikel, in der Mitte oder am Ende *an* oder *annon*.

Annon kann durch *necne* ersetzt werden.

Eine Wahlfrage wird oft durch *utrum* eingeleitet.
Es bedeutet wörtlich „welches von beiden".

Wir probieren das an uns bekannten Sätzen aus:

Beispiele

Utrum unum caelum est an innumeralia?
Gibt es einen Himmel oder unzählige?

Utrum studes an venaris?
Studierst du oder gehst du auf die Jagd?

Utrum is est, quem quaero, annon (necne)?
Ist der es, den ich suche, oder nicht?

Nun übersetze den ersten Satz des Kapitels (S. 101) noch einmal selbstständig, dann schau zur Kontrolle am Anfang des Kapitels nach.

Casune mundus ipse est effectus et necessitate aliqua

____

an ratione ac mente divina?

____

Diese Frage hat die Menschen eigentlich immer bewegt und sie bewegt uns auch heute noch: Ist die Welt ein zufälliges Gebilde oder ist sie nach einem sinnvollen Plan entstanden?
Die zwei griechischen Philosophenschulen, deren Lehren sich vor allem in Rom ausgebreitet haben, bieten verschiedene Antworten.

Der **Epikureismus**, genannt nach seinem Begründer Epikur (341–240 v. Chr.), stellt sich die Welt so vor, dass alle Materie sich zufällig durch den zufälligen Zusammenstoß von Atomen verbindet und sich ebenso leicht wieder auflösen kann. So löst sich auch der Mensch beim Tod in seine Atome auf.

Die **Stoa**, genannt nach dem Gebäude[1], in dem ihr Begründer Zenon (etwa 330–260 v. Chr.) lehrte, sagt dagegen, dass alle Materie durch einen göttlichen Geist sinnvoll geordnet und beherrscht wird. Von diesem göttlichen Geist trägt auch der Mensch einen Anteil in sich, der beim Tod des Menschen unsterblich bleibt und sich mit dem göttlichen Geist vereint.

1 „Stoa" ist griechisch und heißt „die Säulenhalle". Du kannst heute noch eine in Athen sehen.

Die Nebensätze

1. Einführung: Der Nebensatz im Satzmodell

Beispiel

1. *Magister,* *qui te saepe admonuit,* *te* *laudat.*

   Subj. | Attribut | Akk.-Obj. | Präd.

   Der Lehrer, der dich oft ermahnt hat, lobt dich.

Der **Nebensatz** beschreibt hier wie ein **Attribut** das Subjekt näher.

Beispiel

2. *Rogas,* *cur magister te laudet.*

   Subj. + Präd. | Akk.-Obj.

   Du fragst, warum der Lehrer dich lobt.

Hier steht der **Nebensatz** anstelle des **Akkusativobjekts**.

Beispiel

3. *Magister* *te* *laudat,* *quia hunc librum perdidicisti.*

   Subj. | Akk.-Obj. | Präd. | Adverbiale

   Der Lehrer lobt dich, weil du dieses Buch durchgearbeitet hast.

Der **Nebensatz** ergänzt wie ein **Adverbiale** das Prädikat.

Beispiel

4. *Quod magister te laudat,* *te* *incitat.*

   Subj. | Akk.-Obj. | Präd.

   Dass der Lehrer dich lobt, spornt dich an.

Hier füllt der **Nebensatz** die **Subjektstelle** aus.

In den folgenden Sätzen ist der Nebensatz durch ein Wort ersetzt. So wird dir dieses Verhältnis noch klarer:

1. Der **strenge** Lehrer lobt dich. **(Attribut)**.
2. Du erfragst **den Grund** für das Lob des Lehrers. **(Akk.-Obj.)**.
3. Der Lehrer lobt dich **wegen deines Fleißes. (Adverbiale)**.
4. **Das Lob** freut dich. **(Subj.)**.

Wir sehen, dass jeder Nebensatz eigentlich nur ein etwas umfangreicheres Satzglied innerhalb des einfachen Satzmodells ist.

Beim Übersetzen ist es ganz wichtig, zunächst die Nebensätze zu **erkennen**. Nur dann kannst du die **Eingliederung in den Hauptsatz oder in das ganze Satzgefüge** richtig vornehmen.

Im Deutschen erkennst du den Nebensatz immer an der Stellung des Satzkerns, also der Personalform des Verbs: Sie steht immer am Ende des Nebensatzes, so in den obigen Sätzen: „hat" – „lobt" – „hast" – „lobt".

Da im Lateinischen die Wortstellung sehr frei ist, musst du die anderen Merkmale für die Nebensätze erkennen können.
Die meisten Nebensätze hast du bisher sicherlich richtig übersetzt. Wir geben dir hier aber noch einmal einen Überblick über die wichtigsten Nebensatzarten und verraten einige Feinheiten dazu.

2. Der Modus: Indikativ oder Konjunktiv im Nebensatz?

Darüber müssen wir uns klar werden, bevor wir die Nebensatzarten im Einzelnen noch eingehender betrachten.
Schau dir folgende zwei Beispielsätze an:

Beispiele

1. *Caesar ad flumen Scaldem ire constituit, quod in Mosam influit.* **(Indikativ!)**
   Cäsar beschloss, an die Schelde zu rücken, die in die Maas fließt.
2. *Caesar exercitum in Britanniam traiecit, ut etiam huius insulae incolas subigeret.* **(Konjunktiv!)**
   Cäsar setzte sein Heer nach Britannien über, damit er auch die Einwohner dieser Insel unterwerfe (um auch die Einwohner dieser Insel zu unterwerfen).

Was stellen wir fest?
In der ersten Satzverbindung hat der Nebensatz mit dem Vorgehen Cäsars **nichts zu tun**.
In der zweiten Satzverbindung gibt der Nebensatz das (vermutliche) **Ziel** an, das Cäsar verfolgt, nämlich die Unterwerfung Britanniens. Für den Gebrauch der Modi in Nebensätzen können wir jetzt erkennen:

Der **Konjunktiv** drückt eine **besonders enge Verbindung** zwischen Haupt- und Nebensatz aus. Erinnerst du dich an das lateinische Verbum *coniungere* = verbinden?
Der Nebensatz steht vor allem dann im Konjunktiv, wenn er einen Gedanken oder Wunsch der im Hauptsatz handelnden Person ausdrückt. In diesem Fall ist er innerlich abhängig.

Innerlich abhängige Nebensätze stehen immer im Konjunktiv.

3. Die Zeitenfolge in konjunktivischen Nebensätzen (Consecutio temporum)

K

Hier sind wieder die Begriffe **Gleichzeitigkeit** und **Vorzeitigkeit**, die dir von Partizipial- und Infinitivkonstruktionen her schon geläufig sind, wichtig. Am schnellsten wird dir sicher wieder an lateinischen Beispielsätzen klar, worauf es hier ankommt:

1 Hier könnte auch „traducet" stehen, ohne dass im Nebensatz eine Veränderung einträte. Ein Futur im Hauptsatz wird wie das Präsens behandelt.

Beispiel

Caesar milites traducit[1], *cum hostes subigere velit.*
Cäsar setzt die Soldaten über, weil er die Feinde unterwerfen will.

Die Nebensatzhandlung läuft **gleichzeitig** mit der Hauptsatzhandlung ab.

Beispiel

Caesar milites traducit, cum hostes subegerit.
Cäsar setzt die Soldaten über, nachdem er die Feinde unterworfen hat.

Jetzt ist die Nebensatzhandlung schon vor der Hauptsatzhandlung abgelaufen, der Nebensatz ist **vorzeitig**.

Nun setzen wir die ganze Sache in die **Vergangenheit:**

Beispiel

Caesar milites traduxit, cum hostes subigere vellet.
Cäsar setzte die Soldaten über, weil er die Feinde unterwerfen wollte.

Nebensatzhandlung und Hauptsatzhandlung sind **gleichzeitig**.

Beispiel

Caesar milites traduxit, cum hostes subegisset.
Cäsar setzte die Soldaten über, nachdem er die Feinde unterworfen hatte.

Die Nebensatzhandlung ist zur Hauptsatzhandlung **vorzeitig**.

Beispiel

Scribo[2] *tibi, quid agam.*
Ich schreibe dir, was ich mache.

2 Hier könnte auch das Futur = „scribam" stehen, ohne dass der Nebensatz verändert würde.

Nebensatzhandlung und Hauptsatzhandlung sind **gleichzeitig**.

Beispiel

Scribo tibi, quid egerim.
Ich schreibe dir, was ich gemacht habe.

Die Nebensatzhandlung ist zur Hauptsatzhandlung **vorzeitig**.

Nun wieder in die **Vergangenheit**:

Beispiele

Scribebam tibi, quid agerem.
Ich schrieb dir, was ich machte. **(gleichzeitig)**

Scribebam tibi, quid egissem.
Ich schrieb dir, was ich gemacht hatte. **(vorzeitig)**

Wenn du jetzt, ausgehend von unseren Beispielsätzen, die folgende Tabelle ergänzt, indem du feststellst, welche Zeit im jeweiligen Fall im konjunktivischen Nebensatz steht, musst du die **Zeitenfolge (Consecutio temporum) für konjunktivische Nebensätze** vor Augen haben. Du solltest dir diese fest einprägen, denn das Lateinische hält sich strikt daran. Du weißt immer, ob das, was im Nebensatz geschieht, schon vorbei ist oder noch abläuft.

Consecutio temporum in konjunktivischen Nebensätzen

Hauptsatz		**Nebensatz**
Präsens oder Futur	**Gleichzeitigkeit**	
	Vorzeitigkeit	
Präteritum[1]	**Gleichzeitigkeit**	
	Vorzeitigkeit	

1 *Unter Präteritum versteht man alle drei Zeiten der Vergangenheit:* ***Imperfekt, Perfekt*** *und* ***Plusquamperfekt****.*

4. Indirekte Fragesätze

Direkte Fragen werden, wenn ihnen ein Verbum des Sagens, Fragens oder Wissens vorgeschaltet wird, zu Nebensätzen, zu **indirekten Fragen**. Da diese immer einen Gedanken der im Hauptsatz denkenden oder sprechenden Person enthalten, sind sie **innerlich abhängig** und stehen damit grundsätzlich im **Konjunktiv**.

Wir wollen uns dies verdeutlichen, indem wir einige Fragen aus dem Kapitel „Der Fragesatz" zu indirekten Fragen machen (vgl. S. 101ff.). Wir schalten ein Verb des Sagens, Fragens oder Wissens voraus. Achte auf die **Zeitenfolge!**

Beispiele

1. *Magister nos docet, quis Caesarem dictatorem necaverit.*
   Der Lehrer erklärt uns, wer den Diktator Cäsar ermordet hat.
2. *Iam multi philosophi quaerebant, cur tot gentes et tot homines animas mortalium immortales existimavissent.*
   Schon viele Philosophen fragten sich, warum so viele Völker und so viele Menschen die Seele der sterblichen Menschen für unsterblich gehalten haben.
3. *Quaero, ametne me.*
   Ich frage, ob sie mich liebt.
4. *Quaerebam, nonne me amaret.*
   Ich fragte, ob sie mich denn etwa nicht liebt.
5. *Caesar Helvetios quaesivit, num recentium iniuriarum oblivisci posset.*
   Cäsar fragte die Helvetier, ob sie das jüngste Unrecht vergessen könnten.
6. *Philosophi Stoici rogant, ferarumne an hominum causa terra fruges gignere videatur.*
   Die Stoiker fragen, ob die Erde der Tiere oder der Menschen wegen Früchte hervorzubringen scheint.
7. *Nesciebam, utrum is esset, quem quaererem, necne.*
   Ich wusste nicht, ob er es war, den ich suchte, oder nicht.

Übung K 2

a) Welches deutsche Wort leitet die abhängig gewordene Satzfrage ein?

b) Für welche lateinischen Fragesignale in unseren Beispielsätzen steht es?

Übersetze nun folgende abhängig gewordenen Satzfragen ins Deutsche:

1. Magister te rogat, Homerine libros iam legeris.

2. Quaesivi, nonne hoc dixissem esse futurum.

3. Nemo scit, num unum caelum sit an innumeralia.

4. Scribe nobis, utrum studeas an veneris.

Noch eine kurze **Ergänzung** zu den indirekten Fragesätzen:
Es gibt das alte Fragewort *qui = quomodo:* wie? Aus der Verbindung *qui non* entstand *quin* = wie nicht?
Nicht gerade selten sind im Lateinischen mit *quin* eingeleitete Fragesätze nach einem **vorangestellten verneinten Ausdruck des Zweifelns:** Auch hier handelt es sich ursprünglich um indirekte Fragen.

Beachte, wie *quin* in den folgenden Beispielsätzen übersetzt wird:

Beispiele

Non dubium est, quin divina insit fulminibus potentia.[1]
Es ist nicht zweifelhaft, dass den Blitzen eine göttliche Kraft innewohnt.

*1 Die direkten Fragen würden lauten: **Wie** sollte dem Blitz **nicht** göttliche Kraft innewohnen? **Wie** sollte es **nicht** ein Geschenk Gottes sein, ... usw.*

Nemo dubitare potest, quin dei munus sit, quod vivimus.
Niemand kann bezweifeln, dass es ein Geschenk Gottes ist, dass wir leben.

Non debet dubitari, quin fuerint iam ante Homerum poetae.
Es darf nicht bezweifelt werden, dass es schon vor Homer Dichter gegeben hat.

5. Nebensätze mit Konjunktion

Nebensätzen, die mit einem Bindewort, einer Konjunktion, eingeleitet werden, begegnen wir wie im Deutschen auch im Lateinischen auf Schritt und Tritt. Sie können alle möglichen Erklärungen zum Hauptsatz enthalten.

In der folgenden Tabelle fassen wir alle wichtigen lateinischen Konjunktionen zusammen. Wir geben an, ob sie den **Indikativ** oder den **Konjunktiv** nach sich ziehen, nennen ihre jeweilige deutsche Bedeutung und sagen dir, welche Nebensatzart jeweils vorliegt.

5.1 Überblick über die Konjunktionen

Tipp

Schau dir die Tabelle lieber häufiger, dafür jeweils kürzer an. Dieser Rat gilt allgemein fürs Lernen. Kurze, wiederholte Lerneinheiten sind sinnvoller als wenige lange. Du wirst in diesem Fall sehen, dass nach mehreren Lerneinheiten die Tabelle mit einem Schlag wie eine deutliche Fotografie in deinem Gedächtnis abgelichtet ist.

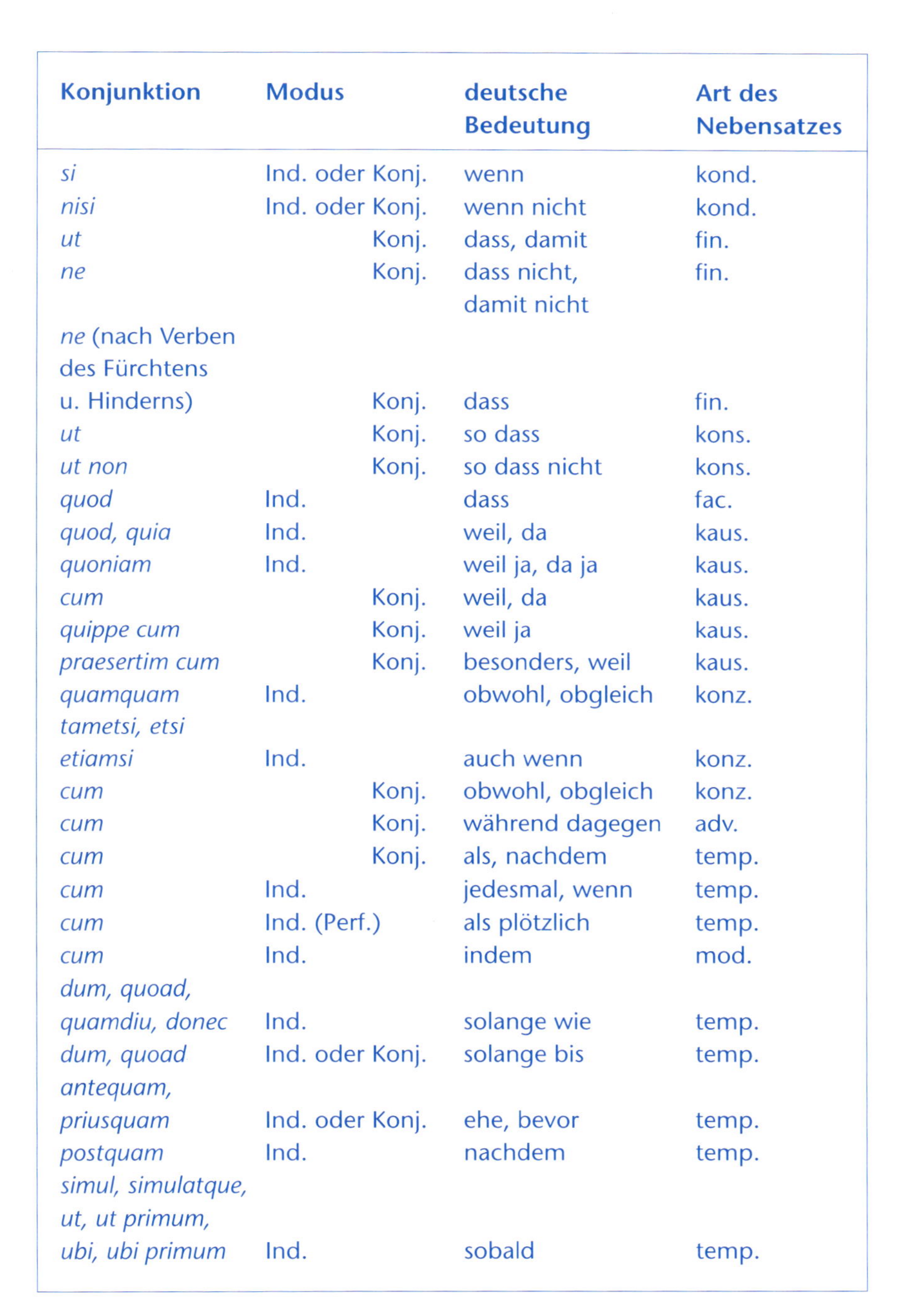

Konjunktion	**Modus**	**deutsche Bedeutung**	**Art des Nebensatzes**
si	Ind. oder Konj.	wenn	kond.
nisi	Ind. oder Konj.	wenn nicht	kond.
ut	Konj.	dass, damit	fin.
ne	Konj.	dass nicht, damit nicht	fin.
ne (nach Verben des Fürchtens u. Hinderns)	Konj.	dass	fin.
ut	Konj.	so dass	kons.
ut non	Konj.	so dass nicht	kons.
quod	Ind.	dass	fac.
quod, quia	Ind.	weil, da	kaus.
quoniam	Ind.	weil ja, da ja	kaus.
cum	Konj.	weil, da	kaus.
quippe cum	Konj.	weil ja	kaus.
praesertim cum	Konj.	besonders, weil	kaus.
quamquam	Ind.	obwohl, obgleich	konz.
tametsi, etsi etiamsi	Ind.	auch wenn	konz.
cum	Konj.	obwohl, obgleich	konz.
cum	Konj.	während dagegen	adv.
cum	Konj.	als, nachdem	temp.
cum	Ind.	jedesmal, wenn	temp.
cum	Ind. (Perf.)	als plötzlich	temp.
cum	Ind.	indem	mod.
dum, quoad, quamdiu, donec	Ind.	solange wie	temp.
dum, quoad	Ind. oder Konj.	solange bis	temp.
antequam, priusquam	Ind. oder Konj.	ehe, bevor	temp.
postquam	Ind.	nachdem	temp.
simul, simulatque, ut, ut primum, ubi, ubi primum	Ind.	sobald	temp.

Und das bedeuten die Abkürzungen: NS = Nebensatz

temp. = temporaler NS (Zeit)
fin. = finaler NS (Absicht/Zweck)
kons. = konsekutiver NS (Folge)
kaus. = kausaler NS (Grund)
kond. = konditionaler NS (Bedingung)
konz. = konzessiver NS (Einschränkung)
adv. = adversativer NS (Gegensatz)
mod. = modaler NS (Art + Weise)
fac. = faktischer quod-Satz NS (Tatsache)

Verliere nach dem ersten Durchlesen dieser Tabelle nicht den Mut! Wenn du dich an unsere Lernregel hältst, werden dir die Nebensätze bald keine Schwierigkeiten mehr machen.

Zu dieser Tabelle müssen wir noch ein paar Anmerkungen machen. Das Schöne an einer Sprache ist ja ihre Vielfalt, und die Anmerkungen und Ausnahmen in der Grammatik sind wie Leckerbissen nach vielen Eintopfgerichten!

Ein **finales** *ut* versteckt sich manchmal in einem *quo* + **Komparativ:**

Beispiel

Festinant, quo celerius (= ut eo celerius) ad finem perveniant.
Sie eilen, damit sie umso schneller ans Ziel gelangen.

Unterscheide:

Beispiele

Eum admoneao, ne me offendat.
Wörtlich: Ich ermahne ihn, dass er mich nicht beleidigt.
Ich warne ihn davor, mich zu beleidigen.

Eum prohibeo, ne me offendat.
Ich hindere ihn daran, dass er mich beleidigt.

Timeo, ne me offendat.
Ich fürchte, dass er mich beleidigt.

Nach Verben des Hinderns und Fürchtens heißt *ne* „dass".

5.2 *cum*-Sätze

Das sieben Mal vorkommende *cum* ist freilich zunächst etwas irritierend. Da sollten wir uns doch durch Übung etwas mehr Klarheit verschaffen.

Wir haben 4 x *cum* mit **Konjunktiv:**

Das **kausale** *cum* gibt einen **Grund** an („weil, da").

Das am häufigsten verwendete, das *cum historicum*, nennt einen **Zeitpunkt** in der Vergangenheit („als, nachdem").

Das **konzessive** *cum* („obgleich, obwohl") erkennst du daran, dass im Hauptsatz meist ein „trotzdem" *(tamen)* steht.

Das **adversative** *cum* schließlich drückt einen **Gegensatz** aus („während dagegen").

Übersetze folgende Sätze und gib jeweils an, welches *cum* vorliegt. Der Sinn der Sätze bedeutet eine wichtige Übersetzungshilfe.

1. Cum Alexander totum orientem subegisset, mortuus est.

___

2. Ego studebam, cum tu venareris.

___

3. Cum te non amemus, tamen te admiramur.

___

4. Socrates mortem effugere noluit, cum vitam beatam post mortem exspectaret.

___

Nun folgen die drei *cum* mit **Indikativ:**
Das **cum iterativum** drückt eine **wiederholte Handlung** aus („jedes Mal wenn"), das **cum inversum** zeigt den **überraschenden Eintritt einer Handlung**, die das Hauptgeschehen unterbricht („als plötzlich"), das **cum coincidens** (oder **explicativum**) erklärt, **wie** etwas vor sich geht („indem").

Übersetze folgende Sätze und gib an, welches *cum* jeweils vorliegt:

1. Cum te aspicio, te admoneo.

___

2. Cives aegre ferebant, cum Socrates eos interrogabat.

___

3. In convivio accubabamus, cum servus irrupit.

___

Noch eine Übung zu den *cum*-Sätzen.
Unterstreiche jedes Mal das Verb im *cum*-Satz und bestimme, ob Indikativ oder Konjunktiv. Dann übersetze.

1. O praeclarum diem, cum ex schola discedere mihi licebit!
2. Pluribus verbis ad te scribam, cum plus otii nactus ero.
3. Cum aestas esse coeperat, Romani rus profiscebantur.
4. Lacrimae oculis meis oriuntur, cum hoc carmen lego.
5. Vix epistulam tuam legeram, cum ad me Curtius venit.
6. Iam agmen novissimum extra munitiones processerat, cum Galli proelium committere coeperunt.
7. Praeclare facis, cum verba linguae Latinae memoriae tradis.
8. Cum reus tacet, scelus commisisse confitetur.
9. Cum Persae Atticae appropinquarent, Athenienses urbem reliquerunt.
10. Cum clades Romam nuntiata esset, timor Romae talis fuit qualis Hannibalis tempore.
11. Cicero Milonem defendit, cum esset eius amicus.
12. Per eos dies caelo sereno lux obscurata est, cum luna sub orbem solis subisset.
13. Milo cum multis odio esset, a Cicerone desertus non est.
14. Milo cum a Cicerone defensus esset, tamen criminis absolutus non est.
15. Solus homo particeps rationis est, cum cetera animalia sint expertia.
16. Nostrorum equitum erat quinque milia numerus, cum hostes non amplius octingentos equites haberent.
17. Praedones tum, cum Pompeio bellum maritimum gerendum datum est, toto mari dispersi vagabantur.

18. Cum tibi laboranti adfui, me amicum tuum esse indicavi.
19. Unam epistulam iam obsignaveram, cum subito tabellarius tuas litteras mihi dedit.
20. Ex victoria Caesaris cum multa mala tum certe tyrannus exsistet.

6. Relativsätze

Beispiele

1. *Omne id, quo gaudemus, voluptas est, omne id, quo offendimur, dolor.*
   All das, worüber wir uns freuen, ist ein Vergnügen, all das, woran wir uns stoßen, ist Schmerz.
2. *Arbores serit diligens agricola, quarum adspiciet fruges ipse numquam.*
   Ein gewissenhafter Bauer pflanzt (auch) Bäume, deren Früchte er niemals selbst sehen wird.
3. *Hannibal postquam ad Alpes venit, itinera ita munivit,*
   ut ibi elephantus ire posset, ubi antea unus homo vix poterat repere.
   Nachdem Hannibal an die Alpen gekommen war, befestigte er die Wege so, dass dort ein Elefant gehen konnte, wo vorher kaum ein einzelner Mensch kriechen konnte.
4. *Est ea iucundissima amicitia, quam similitudo morum coniunxit.*
   Das ist die angenehmste Freundschaft, die die Ähnlichkeit der Charaktere zusammengebunden hat.

Zwei Dinge können wir an diesen Beispielsätzen feststellen:
Das den relativen Nebensatz einleitende **Relativpronomen** *(quo, quarum, quam)* oder **Relativadverb** *(ubi)* **bezieht sich immer auf ein Wort im übergeordneten Satz**. Der Relativsatz steht normalerweise im **Indikativ**.
„Normalerweise?“, fragst du vielleicht. Wann steht der Relativsatz dann im Konjunktiv? Da gilt wieder die alte Regel:

Regel

Wenn der Nebensatz **besonders eng mit dem Hauptsatz verbunden** ist, steht der **Konjunktiv**.

Das ist vor allem dann der Fall, wenn der Relativsatz das **Ziel oder eine Meinung** der im übergeordneten Satz handelnden Person ausdrückt oder eine sich aus der Hauptsatzhandlung ergebende **Folge** beschreibt:

Regel

Wenn der Relativsatz eine finale oder konsekutive Färbung hat, steht er im Konjunktiv.

Schauen wir uns zunächst Relativsätze mit **finaler Färbung** an:

Beispiel

Verba reperta sunt, non quae velarent, sed quae indicarent voluntatem.

Die Worte sind erfunden worden, nicht damit sie unseren Willen verhüllen, sondern damit sie ihn verdeutlichen.
(= Die Worte sind erfunden worden, nicht um unseren Willen zu verhüllen, sondern um ihn zu verdeutlichen.)

Der Relativsatz mit **finaler Färbung** ersetzt eigentlich nur einen konjunktionalen Finalsatz, der in unserem Fall so aussehen würde:

Beispiel

Verba reperta sunt, non ut velarent, sed ut indicarent voluntatem.

Auch beim folgenden Beispiel übersetzen wir den lateinischen Relativsatz mit finaler Färbung besser durch einen Nebensatz mit der Konjunktion **„damit"** ins Deutsche.

Beispiel

Cyrus[1] ab Atheniensibus duces petivit, quos praeficeret exercitui.

Kyrus erbat von den Athenern Führer, (die er an die Spitze seines Heeres setzen wollte) damit er sie an die Spitze seines Heeres stellen konnte (= um sie an die Spitze seines Heeres zu stellen).

1 Es handelt sich hier um den persischen Königssohn Kyrus, der im Jahre 401 v. Chr. gegen seinen älteren Bruder Artaxerxes zog, um ihm die Königskrone abzunehmen.

Auch die folgenden Relativsätze mit **konsekutiver Färbung** übersetzen wir am besten mit einem **Nebensatz,** hier mit der Konjunktion **„dass"**:

Beispiele

Quis potest esse tam mente captus, qui neget deos esse.

Wer kann so verrückt sein, (dass er leugnet, dass es Götter gibt) dass er die Existenz von Göttern leugnet.

Caesar Rufum idoneum[2] iudicavit, quem ad Pompeium mitteret.

Cäsar hielt Rufus für geeignet, dass er ihn zu Pompejus schickte.

2 vgl. auch „dignus, qui" = würdig, dass

Übersetze jetzt die folgenden Sätze. Achte dabei auf die Färbung der Relativsätze.

1. konsekutiv:
   Virum tam celeriter currentem vidi, qui omnes praeteriret.

   ____

2. final:
   Galli legatos Romam miserunt, qui consilia capta eo nuntiarent.

   ____

3. Hier sollst du selber herausfinden, welche Färbung der Relativsatz hat. Übersetze den ganzen Satz anschließend.
   Ego talis sum, qui nihil solum meae utilitatis causa faciam.

   ____

Der verschränkte Relativsatz:

Nicht allzu selten wird dir im Lateinischen eine Konstruktion begegnen, in der ein **Satz mit AcI** durch ein **Relativpronomen** einem vorhergehenden Satz **untergeordnet** wird. Es entsteht ein mit einem AcI **verschränkter Relativsatz**.

Wir wollen uns in einem Dreischritt dessen Entstehung an Beispielen klarmachen:

Beispiel 1

1. *Admiramur Alexandrum.*
   Wir bewundern Alexander.
2. *Eum maximum imperatorem omnium temporum fuisse omnibus constat.*
   Es steht für alle fest, dass dieser der größte Heerführer aller Zeiten gewesen ist.
3. *Admiramur Alexandrum, quem maximum imperatorem omnium temporum fuisse omnibus constat.*

Dieser dritte mit einem AcI verschränkte Relativsatz lässt sich nicht mehr wörtlich ins Deutsche übertragen. Es gibt drei Möglichkeiten einer **freien Übersetzung:**

Beispiele Übersetzung

- Wir bewundern Alexander, der – wie für alle feststeht – der größte Feldherr war.
  Eine solche Einfügung zwischen zwei Gedankenstrichen heißt **Parenthese**. Darin steht das Verb, von dem der AcI abhängt.
- Wir bewundern Alexander, von dem für alle feststeht, dass er der größte Feldherr war.
  Durch den Ausdruck **„von dem ..., dass"** gelingt uns die gewohnte Übersetzung des AcI durch einen dass-Satz. (Diese Übersetzung ist allerdings nicht besonders elegant.)
- Wir bewundern Alexander, der nach allgemeiner Übereinkunft der größte Feldherr war.
  Jetzt haben wir das Verbum, von dem der AcI abhängt, zum Substantiv gemacht („Übereinkunft") in Verbindung mit einer Präposition. Wir haben mit einem **Präpositionalausdruck** übersetzt.

Beispiel 2

1. *Animus immortalis est.*
   Der Geist ist unsterblich.
2. *Eum nobis inesse scimus.*
   Wir wissen, dass er in uns wohnt.
3. *Animus, quem nobis inesse scimus, immortalis est.*
   - Der Geist, der – wie wir wissen – in uns wohnt, ist unsterblich.
   - Der Geist, von dem wir wissen, dass er in uns wohnt, ist unsterblich.
   - Der Geist, der unserem Wissen nach in uns wohnt, ist unsterblich.

Und noch einmal!

Beispiel 3

1. *Iis hominibus fidem habemus.*
   Wir vertrauen diesen Menschen.
2. *Hos plus intellegere quam nos arbitramur.*
   Wir meinen, dass diese mehr verstehen als wir.
3. *Iis hominibus fidem habemus, quos plus intellegere quam nos arbitramur.*
   - Wir vertrauen den Menschen, die – wie wir meinen – mehr verstehen als wir.
   - Wir vertrauen den Menschen, von denen wir meinen, dass sie mehr verstehen als wir.
   - Wir vertrauen den Menschen, die nach unserer Meinung mehr verstehen als wir.

Bei folgendem Beispiel musst du jetzt die drei Übersetzungen für die relative Satzverschränkung selbst finden.

Alexander lovem adire cupiebat, quem patrem suum esse credebat.

– ____

– ____

– ____

Ausblick: Die indirekte Rede (Oratio obliqua)

Nach der Behandlung der Nebensätze dürfte dir die – von Schülern oft zu Unrecht gefürchtete – **Oratio obliqua** keine Schwierigkeiten mehr machen. Du musst dir drei Regeln merken:

1. Nach den Verben des Sagens steht der **AcI**.

Beispiel

Hannibal dixit Scipionem puerum se numquam victurum esse. Se iam multos viros superavisse.

Hannibal sagte, der Knabe Scipio werde ihn niemals besiegen. Er (Hannibal) habe schon viele Männer überwunden.[1]

1 Der bis dahin unbekannte Scipio, der kurz vor der Niederlage Roms zum Feldherrn gewählt wurde, sollte Hannibal bald das Fürchten lehren.

2. Konjunktionale und relative **Nebensätze** sowie **indirekte Fragesätze** drücken immer Gedanken des Sprechers aus und stehen in der indirekten Rede grundsätzlich im **Konjunktiv**.

Beispiele

Hannibal minatus est se Scipionem, si ille incursare auderet, in undas maris agitaturum esse.

Hannibal drohte, er werde Scipio, wenn jener anzugreifen wage, in die Meeresfluten jagen.

Hannibal rogavit, quis Scipio esset.

Hannibal fragte, wer Scipio sei.

3. Alle **Befehle** und **Aufforderungen** stehen in der indirekten Rede ebenfalls im **Konjunktiv**, da sie finale *ut*-Sätze vertreten.

Beispiele

Hannibal Scipioni imperavit, ut in gremium matris fugeret.

Hannibal befahl Scipio, dass er sich in den Schoß seiner Mutter flüchten soll. Oder:

Hannibal Scipioni imperavit: In gremium matris fugeret.

Hannibal befahl Scipio, er solle sich in den Schoß seiner Mutter flüchten.

Befehle und Aufforderungen der indirekten Rede werden also mit „sollen" ins Deutsche übersetzt.
Jetzt können wir alle Worte Hannibals zu einer zusammenhängenden **indirekten Rede** aneinander fügen. Achte dabei auf die **Consecutio temporum:** Da das übergeordnete Verb *(dixit)* ein Präteritum ist, bedeuten alle Konjunktive des Imperfekts Gleichzeitigkeit.

Übung I

Übersetze jetzt die Rede im Zusammenhang.

Hannibal dixit Scipionem puerum se numquam victurum esse. Se iam multos viros superavisse. Se Scipionem, si ille incursare auderet, in undas maris agitaturum esse. Quis Scipio esset. In gremium matris fugeret.

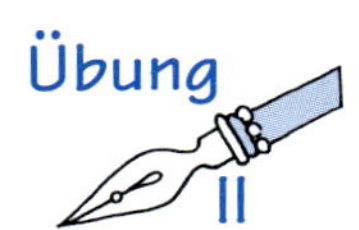

Der folgende Text aus Cäsars „Gallischem Krieg" *(bellum Gallicum)* hat es in sich. Mit den vorausgehenden Regeln zur indirekten Rede wird er dir jedoch nicht all zu große Schwierigkeiten machen.

Ariovist, der König der Sueben, hat in gallischem Gebiet Siedlungsraum für sich beansprucht. Das sind vielleicht schon die „Vorbeben" der Völkerwanderungszeit, in der ganz Europa auf den Beinen war.
Die Szene die Cäsar beschreibt, ist sehr eindrucksvoll:

Cäsar und Ariovist treffen sich hoch zu Ross auf einem Hügel, jeweils mit 10 Reitern als Gefolge, etwa 100 m hinter jedem der beiden verfolgen Reiterlegionen und die Soldaten zweier Lager dieses Gespräch.
Es geht um die *amicitia Romana*. Cäsar zählt zunächst die *benificia* auf, die der Senat Ariovist schon zukommen ließ; dann stellt er seine Forderungen. Ariovist lässt er nun recht selbstbewusst reden, natürlich auch, um dem Leser in Rom zu zeigen, dass er es mit einem Ernst zu nehmenden Gegner zu tun hat.

Ariovistus ad postulata Caesaris pauca respondit: Transisse Rhenum sese non sua sponte, sed rogatum et arcessitum a Gallis. Amicitiam populi Romani sibi ornamento et praesidio, non detrimento esse oportere, idque se hac spe petisse. Se prius in Galliam venisse quam populum Romanum, numquam ante hoc tempus exercitum populi Romani Galliae provinciae finibus egressum (esse). Quid sibi vellet, cur in suas possessiones veniret? Provinciam suam hanc esse Galliam, sicut illam nostram.[1] Debere se suspicari simulata Caesarem amicitia, quod exercitum in Gallia habeat, sui opprimendi causa habere. Quodsi decessisset et liberam possessionem Galliae sibi tradidisset, magno se illum praemio remuneraturum et quaecumque bella geri vellet sine ullo eius labore et periculo confecturum (esse).
(Caes. Gall. I 44, gekürzt)

1 nostram = römische: Da muss man bedenken, dass Cäsar ja die Rede niederschreibt.

In diesen **Tipps** wollen wir uns erst mal mit einer ganz grundsätzlichen Frage beschäftigen:

Hast du Schwierigkeiten mit Latein?
Woher könnten die kommen?

Schon die alten Römer wussten:

Qui melius probat, melius habet.
Wer besser prüft/untersucht, hat es besser.

Du solltest dir also wirklich ein bisschen Zeit nehmen und überlegen, woher deine Schwierigkeiten im Lateinischen kommen. Du bist nämlich nicht allein damit; alle, die Latein lernen, müssen sich mehr oder weniger damit herumschlagen. Warum das so ist, wollen wir dir erklären, weil wir das auch bei vielen anderen Lateinschülern und -schülerinnen beobachtet haben.

Du wirst mit dir selber und einem lateinischen Text viel mehr Geduld haben, wenn du dir Folgendes klar machst: ➤

1. **Du beschäftigst dich nun schon mindestens zwei Jahre mit Latein, du hast alle Verbformen, alle Wortarten und ca. 2000 lateinische Wörter gelernt.**

Und da gibt es schon das erste Problem:

Im Vergleich zu den modernen Sprachen liest und hörst du Latein nur in den Schulstunden. Wenn die Gedächtnisforscher Recht haben, dann **kann man ein Wort etwa 6 Wochen behalten**. Wenn das Wort in diesem Zeitraum nicht irgendwie erneut gehört, gesprochen oder gelesen wird, fällt es aus dem Gedächtnisspeicher, es wird gelöscht. Wiederholt man das Wort jedoch innerhalb dieses Zeitraums, dann ist der Speicher neu geladen. Je häufiger man neu lädt, desto tiefer werden übrigens die Spuren, die das Wort hinterlässt – desto weniger leicht vergisst man es also.

Du kannst das gut vergleichen mit dem Training beim Sport: 6 Wochen ohne Übung und du musst bestimmte Bewegungsabläufe neu trainieren! Oder du kannst ein Musikstück sehr gut auswendig spielen, aber nach einer sechswöchigen Übungspause geht es nicht mehr so gut. Genauso ist es mit Latein.

Du hast schon so viel gelernt und so viel wieder vergessen. Das ist kein Grund zum Verzweifeln! Im Gegenteil, das ist ganz normal. Du bist nicht wie bei den lebenden Sprachen von einem Sprachklima umgeben, wo sich viele Wörter automatisch wiederholen. Und selbst in der Muttersprache vergisst man Wörter auch mal wieder. Das wissen viele, die zum Beispiel ein Hobby lange Zeit nicht mehr ausgeübt haben. Wenn es da bestimmte Fachausdrücke gab, hat man sie nach einigen Jahren mit ziemlicher Sicherheit schlicht vergessen.

Früher war das anders: Ein Klosterschüler im Mittelalter hat fünfmal am Tag eine Stunde lateinisch gebetet und gesungen und dazwischen lateinische Texte abgeschrieben. Noch zu Mozarts Zeiten – und das sind gerade mal gut 200 Jahre! – waren 80 % aller Bücher in lateinischer Sprache gedruckt!

Du aber musst, weil du nicht dauernd von lateinischer Sprache umgeben bist, immer wieder ganz bewusst deinen Gedächtnisspeicher innerhalb dieses **magischen Zeitraums von 6 Wochen** neu aufladen. Das kannst du tun, indem du systematisch Vokabeln wiederholst, Übungen in deinem Schulbuch noch einmal durchgehst.

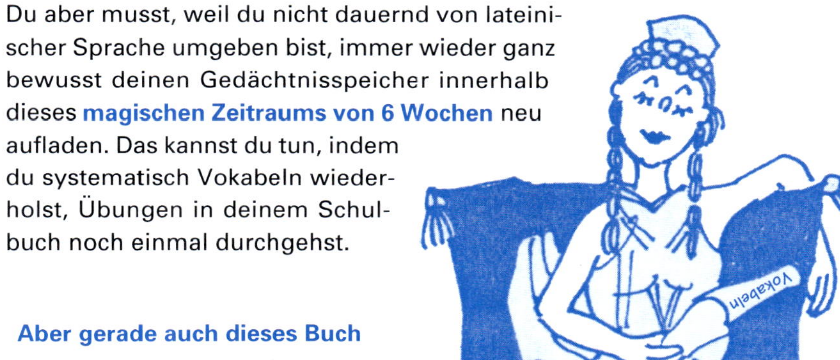

Aber gerade auch dieses Buch wird dir dabei helfen, indem es Wiederholungsübungen anbietet.

2. In diesem Buch geht es um den Satzbau. Dieses Thema kann ganz schön verzwickt sein. Wenn es dir gelingt, eine neue Einstellung zum lateinischen Text zu finden, wird dir vieles leichter fallen.

Stell dir vor, ein lateinischer Text war in der Antike ohne Punkt und Komma, ohne jede Satzzeichen, meist entweder ausschließlich in Groß- oder in Kleinbuchstaben geschrieben, so dass Satzanfang und Satzende aus dem Schriftbild nicht deutlich wurden. Deshalb haben die alten Römer meist leise murmelnd oder halblaut gelesen, da sie durch die Satzmelodie den Zusammenhang besser erfassen konnten.

Leider kannst du heute keinen alten Römer mehr hören! Tröstlich ist daran, dass in jedem Satz die Signale für Anfang und Ende, für die Beziehungen der Satzteile untereinander deutlich gegeben sind. Die Regeln, die die Satzteile ordnen, sind so zuverlässig, dass man einen lateinischen Satz immer nach diesen Regeln auflösen und verstehen kann und nie raten muss.

Die für die Auflösung eines lateinischen Satzes erforderlichen Schritte kannst du in diesem Buch üben. Du lernst deinen Blick zu schärfen für die Signale, die für die Rangordnung der einzelnen Satzteile wichtig sind.

Und wenn du meinst, dein Lehrer oder eine Mitschülerin könne Latein besser als du, dann ist das meist keine Hexerei, sondern dann durchschauen die anderen das System einfach schneller als du – *vorerst; am Ende des Buches weißt auch du, wie's geht.*

3. **Und nun kommt die dritte und letzte Erklärung, warum Latein es ganz schön in sich haben kann: die Sprachgeschichte.**

Du weißt ja, dass das Deutsche mit dem Lateinischen verwandt ist. Deshalb ist der Unterschied in den Satzbauplänen zwischen diesen Sprachen gar nicht so groß. Aber im Laufe der Jahrhunderte hat sich etwas Entscheidendes geändert: Die Signale für die Beziehungen der Wörter in einem Satz stehen im Lateinischen am Ende des Wortes wie Flaggen an einem Schiff, die die Fahrtrichtung angeben. Die Römer haben sich Zeit gelassen, einen Satz zu verstehen. Wir aber sind es heute gewohnt, die Wörter von vorne zu erfassen.

Du musst nur mal beobachten, wie sehr du auf den Anfang eines Wortes reagierst: Bei einem elektrischen Gerät genügt dir P oder POW und du weißt, wo du einschalten kannst. Du musst also die Blickrichtung bei der Worterfassung entgegen deinem heutigen Sprachgefühl ändern: Vorne findest du nur die Bedeutung, aber am Ende steht das Signal für den Zusammenhang.

Wir machen in diesem Buch die Signale am Ende des Wortes deshalb besonders deutlich und schärfen so deinen Blick dafür.

Vielleicht versöhnt es dich ein bisschen, wenn du daran denkst, dass auch im Deutschen in einigen Fällen immer noch die Endungen als Signal gelten, natürlich verstärkt durch den vorangestellten Artikel, z. B. beim Genitiv: *des Vaters*, während die romanischen Sprachen, die ja eigentlich die direkten Töchter des Lateinischen sind, sich noch weiter wegentwickelt haben und die Fälle meist nur noch mit vorangestellten Präpositionen ausdrücken, z. B.: *del padre* (ital.).

*Kehren wir
an den Anfang
dieser Lerntipps zurück:*

**Wenn du die Ursachen deiner Schwierigkeiten mit Latein erkannt hast,
bist du bereits auf dem besten Wege, sie auch zu lösen.**

**Denke an die
magischen 6 Wochen,
vergiss nicht, dass das System,
das dem Lateinischen zu Grunde liegt,
durchschaubar und erlernbar ist –
und,
dass du dich daran gewöhnen musst,
„von hinten" zu lesen und zu verstehen!**

Wusstest du schon, ...

... dass es bei den Römern die Sommerzeit gab?

Sie rechneten den Tag von Sonnenaufgang (ca. 5 Uhr) bis -untergang (ca. 22 Uhr). Ein Sommertag war also viel länger als ein Wintertag, eine Sommertagesstunde war somit erheblich länger als eine Stunde im Winter. Schön für die, die die langen Sommerstunden müßig am Meer genießen konnten. Aber wehe den Sklaven, die in der Hitze in Rom bleiben und 10 bis 12 lange Sommerstunden arbeiten mussten. Im Winter waren dafür dann die Nächte reichlich lang, man konnte sozusagen einen Winterschlaf halten - eine gute Methode, Energie für Heizung und Beleuchtung zu sparen!

... dass das Spaßbad eine Erfindung der Römer ist?

In den Thermen gab es nicht nur Badewannen und Schwimmbecken *(piscina)*, sondern auch Sauna *(caldarium* und *tepidarium)*, Sportplatz *(palaestra)*, Massageraum, Bibliothek, Schnellimbiss *(thermopolium)*, Kiosk und alles, was das Freizeitherz begehrt.

... dass Claudia, Julia und Cornelia keine Vornamen, sondern Familiennamen sind?

Claudia = Claudierin, Tochter der Familie *Claudius*. Dementsprechend würde also bei uns eine Familie Mayer ihre neugeborene Tochter einfach Mayerin nennen. Wenn es mehrere Töchter gab, unterschied man sie durch einen Vergleich: *Maior* = die ältere Tochter, *Minor* = die jüngere Tochter. Die Unterscheidung kann sich aber auch auf verschiedene Generationen beziehen, wodurch die Stammbäume nicht einfach zu lesen sind: *Agrippina Maior* und *Minor* sind nicht Schwestern, sondern Mutter und Tochter. Letztere ist die Gemahlin des Kaisers *Claudius*, Mutter des Kaisers *Nero*, Gründerin der nach ihr benannten Römerstadt *Colonia Agrippinensis* (Köln).

Quellenverzeichnis

S. 7 Cicero, De fin. 1, 5, 15

S. 8 Carmina Burana, Lateinisch-deutsch. Gesamtausgabe der mittelalterlichen Melodien. René Clemencic (Hrsg.). © by Bärenreiter-Verlag, Kassel, Heimeran, München 1979, S. 129, 5. und 6. Strophe des Liedes „In taberna quando sumus"

S. 12 nach Äsop

S. 13 Ter. Phorm. 203

S. 24 Seneca, Epist. 106, 12

S. 37 Martial, Epigr. V 43

S. 44 Lhomond-Holzer, Viri illustres. Stuttgart 1922[14], S. 109

S. 58 Cicero, off. I, 33

S. 61 Horaz, carm. I, 37

S. 69 © 1997 Les Editions Albert Rene/Goscinny-Uderzo, „Asterix gladiator", Band 4, Delta Verlag, Stuttgart 1995, S. 20

S. 70 © 1997 Les Editions Albert Rene/Goscinny-Uderzo, „Iter Gallicum", Band 5, Delta Verlag, Stuttgart 1996, S. 12

S. 71 Plinius, nat.

S. 83 Catull, carm. 5

S. 92 XII tabularum leges. Das Zwölftafelgesetz. R. Düll (Hrsg.). Sammlung Tusculum, © [7]1995 Artemis & Winkler Verlag, Zürich
tab. 1.1.; tab. 8.3 und 8.4

S. 93 nach Sallust, epist. I.I.2

S. 101 Cic. nat. deor.

S. 122f. Caesar, Gall. I 43 und 44
Übersetzung dazu aus:
C. Julius Caesar, „Bellum Gallicum / Der gallische Krieg" hrsg. von G. Dorminger, Artemis Verlag, 1981[7]

In einigen Fällen ist es uns trotz intensiver Bemühungen nicht gelungen, die Rechteinhaber zu ermitteln. Für entsprechende Hinweise sind wir dankbar.

A

a, ab (m. Abl.)	von
abesse (absum, afui)	abwesend, entfernt sein
abhorrere (-horreo, -horrui)	vor etw. zurückschrecken
absolvere (-solvo, -solvi, -solutum)	loslösen, freisprechen
accidere (-cido, -cidi)	zustoßen, sich ereignen
accipere (-cipio, -cepi, -ceptum)	annehmen
accubare	nach röm. Sitte bei Tisch liegen
accusare	anklagen
acerbus, a, um	bitter
ad (m. Akk.)	zu, an, bei
adesse (adsum, affui)	da sein, helfen
adhibere (-hibeo, -hibui, -hibitum)	anwenden
adiuvare (-iuvo, -iuvi, -iutum)	unterstützen, helfen
admirari	bewundern
admiratio, -onis	Bewunderung
admonere (-moneo, -monui, -monitum)	ermahnen
adulescens, -entis	Jugendlicher
adversus (m. Akk.)	gegen, gegenüber
adversus, a, um	feindlich, ungünstig
aedificare	erbauen
aeger, aegra, aegrum	krank
aegritudo, -dinis	Krankheit
aegrotus, a, um	krank
aegrotare	krank sein
aequitas, -tatis	Gerechtigkeit
aequus, a, um	gleich, gerecht
aestas, -tatis	Sommer
affere (affero, attuli, allatum)	herbeitragen
affirmare	bekräftigen
affligere (-fligo, -flixi, -flictum)	niederwerfen, heimsuchen
agere (ago, egi, actum)	handeln
agger, -eris	Damm
aggredi (-gredior, -gressus sum)	herangehen, angreifen
agitare	treiben, antreiben
agmen, -minis	Zug, Schar
agricola	Bauer
ait (ais)	er sagt (du sagst)
albus, a, um	weiß
aliquis	irgendeiner
aliter	anders
alius, a, ud	ein anderer
alligare	anbinden
altus, a, um	hoch, tief
amare	lieben
ambulare	spazieren gehen
amens, -ntis	verrückt
amica	Freundin
amicitia	Freundschaft
amicus	Freund
amor, -oris	Liebe
amplus, a, um	weit, geräumig
ancilla	Dienerin
an	oder?
anima	Seele
animadvertere (-verto, -verti, -versum)	bemerken
animal, -alis	Lebewesen, Tier
animus	Seele, Geist, Herz, Mut
annus	Jahr
anser, -eris	Gans
ante (m. Akk.)	vor
anteponere (-pono, -posui, -positum)	voranstellen, vorziehen
antequam	ehe, bevor
antiquus, a, um	alt
anulus	Ring
anus, -us	alte Frau
anxius, a, um	ängstlich
aper, apri	Wildschwein, Eber
aperire (aperio, aperui, apertum)	öffnen
apis, -is	Biene
apparere (-pareo, -parui)	erscheinen, sich zeigen
appellare	nennen
appropinquare	sich nähern
apud (m. Akk.)	bei

aqua	Wasser
arare	pflügen
aratrum	Pflug
arbitrari	meinen, glauben
arbor, -oris	Baum
arcessere (-cesso, -cessivi, -citum)	herbeirufen
arma, -orum	Waffen
arrodere (-rodo, -rosi, -rosum)	benagen
ars, artis	Kunst
arx, arcis	Burg
as, assis	As (Münze)
ascendere (ascendo, ascendi, ascensum)	hinaufsteigen
aspernari	verachten
aspicere (-spicio, -spexi, -spectum)	erblicken
athleta	Sportler
auctor, -oris	Urheber
audere (audeo, ausus sum)	wagen
audire	hören
augere (augeo, auxi, auctum)	vermehren
aureus, a, um	golden
aut	oder
aut – aut	entweder – oder
autem	aber
autumnus	Herbst
auxilium	Hilfe
avarus, a, um	geizig, gierig
avia	Großmutter
avis, avis	Vogel
avolare	wegfliegen
avus	Großvater

B

barbarus, a, um	barbarisch, fremd
basium	Kuss
beatus, a, um	glücklich
bellum	Krieg
bene	gut
beneficium	Wohltat
benignus, a, um	gütig
bibere (bibo, bibi)	trinken
biduum	zwei Tage
bini, ae, a	je zwei
blandiri	schmeicheln
bonus, a, um	gut
bos, bovis	Rind
brevis, e	kurz

C

cadere (cado, cecidi, casurus)	fallen
caecus, a, um	blind
caelum	Himmel
candidus, a, um	weiß
canere (cano, cecini)	singen
canis, is	Hund
cantare	singen
canus, a, um	weißhaarig
capere (capio, cepi, captum)	fassen
capillus	Haar
caput, -pitis	Kopf
carere (careo, carui)	entbehren, nicht haben
carmen, -inis	Lied
caro, carnis	Fleisch
castra, -orum	Lager
casus, -us	Fall, Zufall
causa	Grund, Ursache, Prozess
cavere (caveo, cavi, cautum)	sich hüten
cedere (cedo, cessi, cessum)	gehen, weichen
celer, celeris, celere	schnell
celeritas, -tatis	Schnelligkeit
cella	Vorratskammer, Keller
censere (censeo, censui, censum)	meinen
centum	100
cernere (cerno, crevi, cretum)	sehen
certus, a, um	sicher
ceteri, ae, a	die übrigen
ceterum	übrigens
cibus	Speise
cicer, eris	Kichererbse
circa (m. Akk.)	um … herum

circumvenire (-venio, -veni, -ventum)	umzingeln, zusammenkommen
circus	Zirkus
civilis, e	bürgerlich, öffentlich
civis, is	Bürger
civitas, -tatis	Gemeinde, Staat
clades, is	Niederlage, Unglück
clam	heimlich
clamare	schreien
clamor, -oris	Geschrei
clarus, a, um	hell, klar, berühmt
claudere (claudo, clausi, clausum)	schließen
clemens, -ntis	liebenswürdig, sanft
clementia	Milde, Nachsicht
clerus	Klerus, Priesterschaft
cliens, -entis	Schutzbefohlener, Abhängiger
cogere (cogo, coegi, coactum)	zwingen
cognomen, -minis	Beiname
cohors, -ortis	Kohorte
colere (colo, colui, cultum)	bebauen, pflegen
color, -oris	Farbe
columna	Säule
commeatus, -us	Proviant
committere (-mitto, -misi, -missum)	ausführen, anvertrauen
commovere (-moveo, -movi, -motum)	bewegen, veranlassen
communis, e	gemeinsam, allgemein
comparare	bereiten, vergleichen
comperire (comperio, comperi, compertum)	erfahren
complures, complura, -rium	mehrere
compos, -potis	beteiligt an
concedere (-cedo, -cessi, -cessum)	weichen, nachgeben, erlauben
concordia	Eintracht
concupiscere (-cupisco, -cupivi, -cupitum)	wünschen
concursus, -us	Zusammenlaufen, Zusammenstoß
condere (-do, -didi, -ditum)	gründen, aufbewahren
condicio, -onis	Bedingung, Lage
conducere (-duco, -duxi, -ductum)	zusammenführen, mieten
conficere (-ficio, -feci, -fectum)	fertig machen
confidere (confido, confisus sum)	vertrauen
coniungere (-iungo, -iunxi, -iunctum)	vereinigen
coniunx, coniugis	Ehefrau
conscientia	Mitwisserschaft, Bewusstsein, Gewissen
conscius, a, um	eingeweiht, vertraut, sich bewusst
consecratus, a, um	geweiht
consentire (-sentio, -sensi, -sensum)	übereinstimmen
considere (-sido, -sedi, sessum)	sich setzen
consilium	Plan, Rat
conspicere (-spicio, -spexi, spectum)	erblicken
constans, -stantis	standhaft
constare (-sto, -stiti, -staturus)	bestehen, kosten
constat	es ist bekannt
constituere (-stituo, -stitui, -stitutum)	festsetzen
consuescere (-suesco, -suevi, -suetum)	sich gewöhnen
consuetudo, -dinis	Gewohnheit
consul, is	Konsul
consulere (consulo, consului, consultum)	um Rat fragen, sorgen
consumere (-sumo, -sumpsi, -sumptum)	verbrauchen
contemnere (-temno, -tempsi, -temptum)	verachten
contendere (-tendo, -tendi, -tentum)	sich anstrengen, eilen, kämpfen, behaupten
contingere (-tingo, -tigi, -tactum)	berühren, gelingen
controversia	Streit
convenire (-venio, -veni, -ventum)	zusammenkommen
convincere (-vinco, -vici, -victum)	überführen (eines Verbrechens)
conviva	Gast
convivium	Festessen
convocare	zusammenrufen

convolvere (-volvo, -volvi, -volutum)	zusammenrollen, im Kreis drehen
copia	Menge, Vorrat
copiae, arum	Truppen
cor, cordis	Herz
cornu, us	Horn
corpus, -poris	Körper
corripere (-ripio, -ripui, -reptum)	ergreifen
corrumpere (-rumpo, -rupi, -ruptum)	verderben, bestechen
cot (t)idie	täglich
cras	morgen
creare	erschaffen, wählen
creber, crebra, crebrum	häufig
credere (credo, credidi, creditum)	glauben, vertrauen
crescere (cresco, crevi)	wachsen
crimen, -minis	Anklage, Verbrechen
crudelitas, -tatis	Grausamkeit
cum (m. Abl.)	mit
cum	als, nachdem, weil, wenn
cupere (cupio, cupivi, cupitum)	wünschen
cupiditas, -tatis	Wunsch, Leidenschaft
cupidus, a, um	gierig
cur	warum
cura	Sorge
curare	pflegen
curatio, -onis	Behandlung
currere (curro, cucurri, cursum)	laufen
currus, us	Wagen

D

damnare	verurteilen
dare (do, dedi, datum)	geben
de (m. Abl.)	von, über
dea	Göttin
debere (debeo, debui)	schulden, müssen
decanus	Dekan
decem	10
decernere (-cerno, -crevi, -cretum)	beschließen
decet	es gehört sich, es ziert
dedecet	es gehört sich nicht
declarare	erklären
decus, -coris	Schmuck, Zierde
dedecus, -oris	Schande
deesse (-sum, defui)	fehlen, mangeln
deflere (-fleo, -flevi, -fletum)	beweinen
defendere (-fendo, fendi, -fensum)	verteidigen
deficere (-ficio, -feci, -fectum)	fehlen, mangeln
defodere (-fodio, -fodi, -fossum)	vergraben, aufwerfen
defungi (-fungor, -functus sum)	erledigen
delectare	erfreuen
delere (deleo, delevi, deletum)	zerstören
deliberare	überlegen
deliciae, -arum	Freude, Wonne
demonstrare	zeigen, beweisen
denique	endlich
dens, dentis	Zahn
depasci (depascor, depastus sum)	abfressen, abweiden
descendere (descendo, descendi, descensum)	herabsteigen
deserere (desero, deserui, desertum)	verlassen
desiderare	ersehnen, wünschen
desiderium	Sehnsucht
desistere (-sisto, -stiti)	aufhören
desperare	verzweifeln
detrimentum	Schaden, Nachteil
deus	Gott
devincere (-vinco, -vici, -victum)	besiegen
dicere (dico, dixi, dictum)	sagen
dictator, -oris	Diktator
dies, diei	Tag
differe (differo, distuli, dilatum)	verbreiten, verschieben, sich unterscheiden
difficilis, e	schwierig
dignitas, -tatis	Würde

dignus, a, um	würdig
dilabi (-labor, -lapsus sum)	auseinanderfallen, verschwinden
diligens, -ntis	sorgfältig
diligere (-ligo, -lexi, -lectum)	lieben, schätzen
dimittere (-mitto, -misi, -missum)	entlassen
diripere (-ripio, -ripui, -reptum)	plündern
discedere (-cedo, -cessi, -cessum)	auseinandergehen, weggehen
discere (disco, didici)	lernen
diciplina	Lehre, Diziplin
discipulus	Schüler
discordia	Zwietracht, Streit
dispergere (dispergo, dispersi, dispersum)	zerstreuen
disponere (-pono, -posui, -positum)	verteilen, ordnen
disputare	diskutieren
diu	lange
dives, divitis	reich
dividere (divido, divisi, divisum)	teilen
divinus, a, um	göttlich
divitiae, arum	Reichtum
docere (doceo, docui)	lehren
doctus, a, um	gelehrt
dolere (doleo, dolui)	schmerzen
domi	zu Hause
domina	Herrin
dominatio, -ionis	Herrschaft
dominus	Herr
domo	von daheim weg
domum	nach Hause
domus, us	Haus
donare	schenken
donec	solange bis
donum	Geschenk
dormire	schlafen
dubitare	zweifeln, zögern
dubitus, a, um	zweifelhaft, unsicher
ducere (duco, duxi, ductum)	führen, halten für
dum	während
duo	zwei
dux, ducis	Anführer

E

e, ex (m. Abl.)	aus
edere (edo, edi, esum)	essen
ediscere (-disco, -didici)	auswendig lernen
educare	erziehen
educere (-duco, -duxi, -ductum)	herausführen
efficere (-ficio, -feci, -fectum)	fertigbringen, bewirken
effugere (-fugio, -fugi, -fugiturus)	entkommen
egere (egeo, egui)	dringend brauchen
egredi (egredior, egressus sum)	herausgehen
elephantus	Elefant
eligere (eligo, elegi, electum)	auswählen
eloquentia	Beredsamkeit, Redekunst
emere (emo, emi, emptum)	kaufen, erwerben
enumerare	aufzählen
epistula	Brief
eques, -itis	Reiter
equester, -tris, -tre	zum Reiter gehörig, Reiter-
equus	Pferd
ergo	also
errare	irren
error, -oris	Irrtum
erudire	ausbilden, unterrichten
eruditio, -onis	Ausbildung
esse (sum, fui, futurus)	sein
et	und
etiam	auch
etsi, etiamsi	auch wenn
evenire (-venio, -veni, -ventum)	sich ereignen
examen, -minis	Schwarm, Schar, Menge, Prüfung
excellere	hervorragen
excelsus, a, m	hervorragend, hoch
excitare	aufregen, aufwecken
exclamare	ausrufen
exemplum	Beispiel

exercere (exerceo, exercui, exercitum)	üben, trainieren
exercitium	Übung
exercitus, us	Heer
exire (-eo, -ii, -iturus)	herausgehen, scheiden
existimare	glauben, meinen
exitium	Ausgang, Ende, Untergang
exoriri (-orior, -ortus sum)	aufstehen, erscheinen
expellere (-pello, -puli, -pulsum)	vertreiben
expers, -pertis	frei von
expetere (-peto, petivi, -petitum)	fordern
explorare	auskundschaften, erforschen
exponere (-pono, -posui, -positum)	aussetzen, erklären
expugnare	erobern
exsistere (-sisto, -stiti)	hervortreten, entstehen
exspectare	warten
exstruere (-struo, -struxi, -structum)	aufbauen, errichten
ex(s)ul, -lis	Verbannter
extremus, a, um	äußerster, letzter

F

faber, -bri	Handwerker
fabula	Erzählung, Fabel
facere (facio, feci, factum)	machen
facies, ei	Gesicht, Gestalt
facilis, e	leicht
facinus, -oris	Tat, Übeltat
facultas, -tatis	Möglichkeit
fallere (fallo, fefelli)	täuschen
falsus, a, um	falsch
fama	Gerücht, Ruf
fames, -is	Hunger
familia	Familie, Hausgemeinschaft, Bekanntenkreis
favere (faveo, favi, fautum)	begünstigen
febris, -is	Fieber
felix, -icis	glücklich
femina	Frau
fenestra	Fenster
ferox, -ocis	wild
ferre (fero, tuli, latum)	tragen
ferreus, a, um	eisern
ferrum	Eisen, Waffe
ferus, a, um	wild
fervere (ferveo)	sieden, brausen
festinare	eilen
fibula	Spange
fides, ei	Treue
fidus, a, um	treu
fieri (fio, factus sum)	entstehen, geschehen. (Passiv zu facere)
filia	Tochter
filius	Sohn
findere (findo, fidi, fissum)	spalten
finis, -is	Ende
flere (fleo, flevi, fletum)	weinen, beweinen
florere (floreo, florui)	blühen
fluctuare	wogen, brausen, schwanken
flumen, -minis	Fluss
forma	Form, Gestalt
formica	Ameise
forte	zufällig
fortis, e	tapfer
fortitudo, -dinis	Tapferkeit
fortuna	Schicksal, Glück
forum	Marktplatz
fossa	Graben
fragilis, e	zerbrechlich
frangere (frango, fregi, fractum)	brechen
frater, -tris	Bruder
fruges, -um	Früchte, Getreide
frugifer, a, um	fruchtbar
frui (fruor, fruitus/ fructus sum)	genießen, gebrauchen
frumentum	Getreide
fugere (fugio, fugi, fugiturus)	fliehen
fulmen, -minis	Blitz
fundamentum	Grundlage
fungi (fungor, functus sum)	verwalten, ausführen

fur, furis	Dieb
fustis, is	Stock
futurus, a, um	zukünftig

G

gallina	Henne
gallus	Hahn
gaudere (gaudeo, gavisus sum)	sich freuen
gaudium	Freude
gemere (gemo, gemui)	seufzen
gens, -ntis	Stamm, Volk, Sippe
gentilis, e	die Abstammung betreffend, Familien-
genus, -neris	Geschlecht, Art
gerere (gero, gessi, gestum)	tragen, handeln
gignere (gigno, genui, genitum)	erzeugen
gloria	Ruhm, Anerkennung
gracilis, e	schlank
granum	Korn, Kern
gratia	Dank, Gnade
gratis	umsonst
gratus, a, um	dankbar, angenehm
gravis, e	schwer, bedeutend
gravitas, -tatis	Ernst, Würde
gremium	Schoß
gustus, us	Geschmack

H

habere (habeo, habui, habitum)	haben, halten
habitare	wohnen
haruspex, -picis	Opferpriester, Zeichendeuter
haud	nicht
(h)era	Hausfrau
(h)erus	Mann
heu	ach
hic, haec, hoc	dieser
hic	hier
hiems, hiemis	Winter
hinc	von hier
hodie	heute
homo, -minis	Mensch
honos, -oris	Ehre
hora	Stunde
horrere (horreo, horrui)	schaudern, sich sträuben
hortari	ermuntern
hostia	Opfertier
hostis, -is	Feind
humanitas, -tatis	Menschlichkeit, Bildung
humanus, a, um	menschlich, gebildet
humare	beerdigen
humi	auf dem Boden
humo	vom Boden

I

iacere (iaceo, iacui, iaciturus)	liegen
iam	schon
ianua	Türe
idoneus, a, um	geeignet
igitur	also
ignavia	Feigheit, Faulheit
ignoscere (ignosco, ignovi, ignotum)	verzeihen
ignotus, a, um	unbekannt
ilico	sofort
ille, illa, illud	jener
imago, -ginis	Bild
imitari	nachahmen
immaturus, a, um	unreif
immemor, -moris	nicht mehr denkend an, unbekümmert
immortalis, e	unsterblich
immortalitas, -tatis	Unsterblichkeit
imperator, -toris	Feldherr, Kaiser
imperium	Herrschaft, Reich
impetus, us	Angriff
impietas, -tatis	Gottlosigkeit
implorare	anflehen
imprimis	besonders
improbus, a, um	schlecht, böse
in (m. Akk.)	in (wohin?)
in (m. Abl.)	in (wo?)

incendere (-cendo, -censi, -censum)	anzünden
incertus, a, um	unsicher
incidere (-cido, -cidi)	hineinfallen, hineingeraten, sich ereignen
incipere (incipio, coepi, inceptum)	anfangen
incitare	antreiben, aufregen
incola	Einwohner
incredibilis, e	unglaublich
incursare	angreifen
inde	daher
indicare	anzeigen, aussagen
indignari	verärgert sein
infans, -ntis	kleines Kind
infelix, -licis	unglücklich
infestus, a, um	unsicher, feindlich, bedrohlich
influere (influo, influxi)	hineinfließen
ingenium	Begabung
inimicitia	Feindschaft
inire (-eo, -ii, -iturus)	hineingehen, beginnen
iniuria	Unrecht, Beleidigung
innocens, -ntis	unschuldig
innumeralis, e / innumerabilis, e	unzählbar
inopia	Not
inquit	er sagt (e)
insanabilis, e	unheilbar
insequi (-sequor, -secutus sum)	verfolgen
insidiae, -arum	Hinterhalt, Falle
instituere (-stituo, stitui, -stitutum)	einrichten
integer, -gra, -grum	unberührt, rein
intellegere (intellego, intellexi, intellectum)	einsehen, verstehen
intercludere (-cludo, clusi, -clusum)	versperren, abschneiden
interdum	manchmal
interesse (-sum, -fui, -futurus)	dabeisein
interire (-eo, -ii, -iturus)	untergehen, umkommen
interrogare	befragen
intueri (intueor, intuitus sum)	betrachten
intus	drinnen
invenire (-venio, -veni, -ventum)	finden
invidere (-video, -vidi, -visum)	beneiden
invisus, a, um	verhasst
invitare	einladen
invitus, a, um	unwillig, unfreiwillig
iocus	Scherz, Witz
ipse, ipsa, ipsum	selbst
ira	Zorn
ire (eo, ii, iturus)	gehen
irritus, a, um	vergeblich
irrumpere (-rumpo, -rupi, -ruptum)	hineinstürzen
iste, ista, istud	dieser da
ita	so
itaque	deshalb
iter, itineris	Weg, Reise
iterum	wiederum
iubere (iubeo, iussi, iussum)	befehlen
iucundus, a, um	angenehm
iudex, -dicis	Richter
iudicare	urteilen
iudicium	Urteil, Gericht
iungere (iungo, iunxi, iunctum)	verbinden
iussu	auf Befehl
iustitia	Gerechtigkeit
iustus, a, um	gerecht
iuvare (iuvo, iuvi, iutum)	unterstützen, erfreuen
iuvenis, -is	junger Mann

L

labor, -oris	Arbeit, Mühe
laborare	arbeiten
lacrima	Träne
laedere (laedo, laesi, laesum)	verletzen
laetus, a, um	fröhlich
largiri	schenken
latus, a, um	breit
laudare	loben
laus, laudis	Lob, Anerkennung

lavare (lavo, lavi)	waschen
legatus	Gesandter
legere (lego, legi, lectum)	lesen
leo, leonis	Löwe
lex, legis	Gesetz
liber, libri	Buch
liber, libera, liberum	frei
liberalis, e	freigebig, großzügig
licet (licuit)	es ist erlaubt
lignum	Holz
lingua	Zunge, Sprache
littera	Buchstabe
litterae, -arum	Wissenschaften, Brief
locus	Ort
loqui (loquor, locutus sum)	sprechen
ludus	Spiel, Grundschule
lugere (lugeo, luxi, luctum)	trauern
lumen, -minis	Licht
luna	Mond
lupus	Wolf
lux, lucis	Licht

M

mactare	schlachten
magis	mehr
magister, -stri	Lehrer, Leiter
magistra	Lehrerin
magistratus, us	Amt, Beamter
magnus, a, um	groß
magus	Magier, Zauberer
maior, maius	größer, älter
maiores, -um	Vorfahren
malus, a, um	schlecht
mandare	übergeben, anvertrauen
manere (maneo, mansi, mansurus)	bleiben
manus, -us	Hand
mare, -ris	Meer
maritimus, a, um	am Meer gelegen
mater, -tris	Mutter
medicus	Arzt
mederi	heilen
melior, melius	besser
membrum	Glied
meminisse (memini)	sich erinnern
memor, -oris	sich erinnernd an, eingedenk
memorabilis, e	erwähnenswert
memoria	Gedächtnis
mens, mentis	Geist, Verstand, Gedanken, Absicht
mendax, -acis	verlogen, betrügerisch
mentiri (mentior, mentitus sum)	lügen
mercator, -oris	Kaufmann
metere (meto, messum)	mähen, ernten
metuere (metuo, metui)	fürchten
metus, -us	Furcht
meus, mea, meum	mein
miles, -litis	Soldat
mille	1000
minimus, a, um	kleinster
minor, minus	kleiner
mirabilis, e	bewundernswert
mirari	sich wundern
mirus, a, um	wunderbar, sonderbar
miser, misera, miserum	elend
miserari	jammern
misereri (misereor, miseritus sum)	sich erbarmen
mittere (mitto, misi, missum)	schicken
modus	Art, Weise
moenia, -ium	Stadtmauer
molestus, a, um	lästig
mollis, e	weich, mild
monere (moneo, monui, monitum)	mahnen
mons, montis	Berg
monstrare	zeigen
morari	sich aufhalten
morbus	Krankheit
mori (morior, mortuus sum, moriturus)	sterben
mors, mortis	Tod
mortalis, e	sterblich
mortuus, a, um	tot

morsus, us	Biss
mos, moris	Sitte, Brauch Plural: Charakter
motus, us	Bewegung
movere (moveo, movi, motum)	bewegen
mulier, -eris	Frau
multi, ae, a	viele
multum	viel
mundus	Welt
munire	befestigen
munitio, -onis	Befestigung
munus, -neris	Aufgabe, Amt, Geschenk
murus	Mauer
musculus	Muskel
museum	Ort der Musen; Museum
mutare	verändern

N

nam	denn
nanscisci (nansciscor, nanctus/nactus sum)	erreichen, bekommen
narrare	erzählen
nasci (nascor, natus sum)	geboren werden
nasus	Nase
natura	Natur, Wesen
natus, a, um	geboren, … alt
navigare	segeln
navis, -is	Schiff
-ne	Fragepartikel
ne	dass nicht, damit nicht
ne … quidem	nicht einmal
nebula	Nebel
necessarius, a, um	notwendig
necesse est	es ist nötig
necessitas, -tatis	Notwendigkeit
negare	verneinen, verweigern
neglegere (-lego, -lexi, -lectum)	vernachlässigen
nemo	niemand
nepos, -potis	Enkel
neque	und / aber nicht
nescire	nicht wissen
neve	und nicht
niger, nigra, nigrum	schwarz
nihil	nichts
nihil nisi	nichts außer
nisi	wenn nicht
niveus, a, um	schneebedeckt, schneeweiß
nobilis, e	berühmt, vornehm
nolle (nolo, nolui)	nicht wollen
nomen, -minis	Name
nominare	nennen
non	nicht
nonne	bei Fragen: etwa nicht
nonnulli, ae, a	einige
noster, nostra, nostrum	unser
novus, a, um	neu
nox, noctis	Nacht
nubere (nubo, nupsi, nuptum)	heiraten (von einer Frau)
nubes, nubis	Wolke
num	bei Fragen: etwa
numerus	Zahl
numquam	nie
nunc	jetzt
nuntiare	melden
nusquam	nirgends
nutrire	ernähren

O

ob (m. Akk.)	gegen, wegen
obire (-eo, -ii, -iturus)	entgegengehen, übernehmen, sterben
oblivisci (obliviscor, oblitus sum)	vergessen
oboedire	gehorchen
obscurare	verdunkeln, verhüllen
observare	beobachten
obsignare	unterschreiben, versiegeln
occasio, -onis	Gelegenheit
occidere (-cido, -cidi, -casurus)	fallen, untergehen
occidere (-cido, -cidi, -cisum)	niederschlagen, töten
occultare	verbergen

octingenti	800
octoginta	80
oculus	Auge
odisse (odi)	hassen
odium	Hass
offendere (-fendo, -fendi, -fensum)	angreifen, beleidigen
olim	einst
omittere (-mitto, -misi, -missum)	beiseite lassen, aufhören
omnis, e	jeder, ganz
omnipotens, -ntis	allmächtig
opera	Mühe
opes, -um	Schätze, Reichtum, Macht
opinio, -ionis	Meinung
oppidum	Stadt
opprimere (-primo, -pressi, -pressum)	unterdrücken
optimus, a, um	der beste
oportet (oportuit)	es ist nötig
opus est	es ist nötig
orare	beten, bitten
oratio, -ionis	Rede
orator, -toris	Redner
orbare	berauben
orbis, -is	Kreis
origo, -ginis	Ursprung
oriri (orior, ortus sum)	aufstehen, aufgehen, entstehen
ornamentum	Schmuck
os, oris	Mund, Gesicht
osculari	küssen
ostendere (ostendo, ostendi, ostentum)	zeigen
otium	Ruhe, Freizeit
ovum	Ei

P

pactum	Vertrag
nullo pacto	auf keine Weise
paenitet (paenituit)	es reut, es ärgert
palpebra	Augenlid
panis, -is	Brot
par, paris	gleich
parare	bereiten
parcere (parco, peperci, parsurus)	sparen, schonen
parentes, -tum	Eltern
parere (paro, peperi, partum)	gebären, hervorbringen
parere (pareo, parui)	gehorchen
pars, partis	Teil
particeps, -cipis	teilnehmend
parvulus, a, um	sehr klein
parvus, a, um	klein
passus, us	Schritt
pastor, -oris	Hirte
pater, -tris	Vater
patria	Heimat
patronus	Schutzherr, Anwalt
pauci, ae, a	wenige
paulo	ein wenig
pauper, pauperis	arm
paupertas, -tatis	Armut
pavidus, a, um	ängstlich
pax, pacis	Friede
pecunia	Geld
peior, peius	schlechter
per (m. Akk.)	durch
perdere (perdo, perdidi, perditum)	verderben, verlieren
perficere (-ficio, -feci, -fectum)	vollenden
pergere (pergo, perrexi, perrectum)	aufbrechen, weiter machen
periculosus, a, um	gefährlich
peritus, a, um	erfahren
permanere (-maneo, -mansi, -mansurus)	bleiben, fortbestehen
permittere (-mitto, -misi, -missum)	erlauben
permovere (-moveo, -movi, -motum)	bewegen, veranlassen
perpetuus, a, um	dauernd
persuadere (-suadeo, -suasi, -suasum)	überreden, überzeugen
perturbare	durcheinander bringen
pervenire (-venio, -veni, -ventum)	ans Ziel kommen
pervolare	durchfliegen, durcheilen
petere (peto, petivi, petitum)	zu erreichen suchen, erstreben, bitten

pietas, -tatis	Frömmigkeit, Pflichtgefühl
piger, pigra, pigrum	faul
piscis, -is	Fisch
placere (placeo, placui)	gefallen
placet	es gefällt, man beschließt
plenus, a, um	voll
plerumque	meistens
plerique, pleraque	die meisten, das meiste
plurimum	am meisten
plus	mehr
poena	Strafe
poeta	Dichter
polliceri (polliceor, pollicitus sum)	versprechen
ponere (pono, posui, positum)	setzen, stellen, legen
pons, pontis	Brücke
populus	Volk
porrigere (-rigo, -rexi, -rectum)	hinstrecken, reichen
poscere (posco, poposci)	fordern
posse (possu, potui)	können
possessio, -ionis	Besitz
post (m. Akk.)	nach
postea	nachher
posterus, a, um	der folgende
postquam	nachdem
postremo	zuletzt
potens, potentis	mächtig
potentia	Macht, Gewalt
potestas, -tatis	Macht, Vollmacht
potiri (potior, potitus sum)	sich bemächtigen, besitzen
prae (m. Abl.)	vor
praebere (praebeo, praebui, praebitum)	gewähren, sich zeigen
praeceptor, -oris	Lehrer
praeclarus, a, um	herrlich, berühmt
praedicare	aussagen, preisen
praedo, -donis	Räuber, Seeräuber
praeesse (-sum, -fui, -futurus)	vorgesetzt sein, leiten
praeficere (-ficio, -feci, -fectum)	voranstellen
praesertim cum	zumal da
praesidium	Schutz, Besatzung
praestare (-sto, -steti, -staturus)	voranstehen, übertreffen, leisten, erweisen
praestat	es ist besser
pr(a)esul, -lis	Vortänzer, Vorgesetzter
praeterire (-eo, -ii, -iturus)	vorbeigehen, übergehen
pratum	Wiese
primo	zuerst
primus, a, um	der erste
princeps, -cipis	Fürst, Kaiser
principium	Anfang
priscus, a, um	alt, altehrwürdig
priusquam	ehe, bevor
privatus, a, um **privatim (Adverb)**	privat, nicht öffentlich
pro (m. Abl.)	vor, für
probare	prüfen, billigen
probrum	Vorwurf, Schandtat
probus, a, um	tüchtig, ehrlich
procedere (-cedo, -cessi, -cessum)	vorgehen
prodere (-do, -didi, -ditum)	weitergeben, hervorbringen, verraten
prodesse (prosum, profui, profuturus)	nützen
proficisci (proficiscor, profectus sum)	aufbrechen, reisen, marschieren
prohibere (-hibeo, -hibui, -hibitum)	abhalten, hindern
proletarius, a, um	Bürger ohne Besitz, einfach
promittere (-mitto, -misi, -missum)	versprechen
prope (m. Akk.)	nahe bei
propinquus, a, um	Verwandter
propitius, a, um	gnädig
proprius, a, um	eigen
propter (m. Akk.)	wegen
prosper, -era, -erum	günstig, beglückend
prospicere (-spicio, -spexi, -spectum)	vorhersehen, vorsorgen
providere (-video, -vidi, -visum)	vorhersehen, vorsorgen
prudens, -dentis	klug
prudentia	Klugheit
publicus, a, um	öffentlich, staatlich

pudet (puduit)	es beschämt
puella	Mädchen
puer, eri	Kind, Junge
pugna	Schlacht
pugnare	kämpfen
pulcher, -chra, -chrum	schön
pulchritudo, -dinis	Schönheit
pulsare	stoßen
pupilla	Pupille
putare	glauben, meinen

Q

quadraginta	40
quaerere (quaero, quaesivi, quaesitum)	suchen, fragen
qualis, e	wie beschaffen
quam	wie, als
quamdiu	wie lange
quamquam	obwohl
quantus, a, um	wie groß
qua re	weshalb
queri (queror, questus sum)	klagen
qui, quae, quod	welcher (Relativpronomen)
quia	weil
quidam, quaedam, quoddam	ein gewisser
quin	wieso nicht, dass nicht
quindecim	15
quinque	fünf
quippe	freilich
quis, quid	wer/was?
quoad	wieweit
quod	weil
quoniam	als, nachdem
quot	wie viele

R

radius	Strahl
ratio, -ionis	Vernunft, Methode
recens, -ntis	frisch
recipere (-cipio, -cepi, -ceptum)	zurücknehmen, aufnehmen
recordari	sich erinnern
rectus, a, um	gerade, richtig
reddere (-do, -didi, -ditum)	zurückgeben, machen zu
redire (-eo, -ii, -iturus)	zurückgehen
reficere (-ficio, -feci, -fectum)	wieder herstellen
regalis, e	königlich
regere (rego, rexi, rectum)	leiten, lenken
regio, -ionis	Gegend
regnum	Königreich, Herrschaft
regula	Regel, Vorschrift, Messlatte
religio, -ionis	Ehrfurcht, religiöses Leben und Verhalten
relinquere (relinquo, reliqui, relictum)	zurücklassen
reluctari	sich widersetzen
reminisci (reminiscor)	sich erinnern
remunerare	vergelten, belohnen
reperire (reperio, repperi, repertum)	finden
repere (repo, repsi, reptum)	kriechen
res, rei	Sache
res adversae	Unglück
res futurae	Zukunft
res publica	Staat
res secundae	Glück
rescindere (-scindo, -scidi, scissum)	einreißen
respondere (respondeo, respondi, responsum)	antworten
restituere (-stituo, -stitui, -stitutum)	wieder herstellen
reus	Angeklagter
revocare	zurückrufen
rex, regis	König
ridere (rideo, risi, risum)	lachen
ripa	Ufer
rogare	fragen, bitten
rudis, e	roh, ungebildet
rumor, -oris	Gerede, Gerücht
rursus	wieder
rus, ruris	Land

ruri	auf dem Land
rus	aufs Land
rusticus, a, um	ländlich

S

sacerdos, -dotis	Priester
saeculum	Zeitalter, Jahrhundert
saepe	oft
salus, -lutis	Wohlbefinden, Rettung
salutare	grüßen
sanctus, a, um	heilig
sanus, a, um	gesund
sapiens, -entis	weise
sapientia	Weisheit
satis	genug
schola	Vortrag, Schule
scire (scivi/scii, scitum)	wissen
scribere (scribo, scripsi, scriptum)	schreiben
scriptor, -toris	Schriftsteller
scutum	Schild, Schutz
secundus, a, um	folgend, günstig
securis, -is	Beil
securus, a, um	sorglos, sicher
sed	aber, sondern
semel	einmal
semen, -minis	Samen
semper	immer
sempiternus, a, um	ewig
senator, -oris	Senator
senectus, -us	(Greisen-) Alter
senex, senis	alter Mann
sensus, -us	Empfindung, Sinn
sententia	Satz, Meinung
sentire (sentio, sensi, sensum)	fühlen, meinen
sepelire (sepelio, sepelivi, sepultum)	beerdigen
septuaginta	70
sepulcrum	Grab
sequi (sequor, secutus sum)	folgen
serenitas, -tatis	Heiterkeit, schönes Wetter
serenus, a, um	heiter, hell
serere (sero, sevi, satum)	säen, pflanzen
serus, a, um **Adverb: sero**	spät, zu spät
serva	Sklavin, Dienerin
servus	Sklave, Diener
severitas, -tatis	Ernst, Strenge
severus, a, um	ernst, streng
si	wenn
sic	so
sidus, -deris	Sternbild
signum	Zeichen
silva	Wald
similis, e	ähnlich
similitudo, -dinis	Ähnlichkeit
simul / simulatque	gleichzeitig, zugleich
simulare	nachahmen, heucheln
sine (m. Abl.)	ohne
sitire	dürsten
sitis, -is	Durst
situs, a, um	gelegen
societas, -tatis	Gemeinschaft
socius	Gefährte, Verbündeter
sol, solis	Sonne
solere (soleo, solitus sum)	gewohnt sein
solum	nur
sollicitare	aufregen, erschüttern
somniare	träumen
soror, -roris	Schwester
sors, sortis	Los, Schicksal
species, -ei	Aussehen, Erscheinung
sperare	hoffen
spernere (sperno, sprevi, spretum)	zurückweisen, verachten
spes, spei	Hoffnung
splendor, -oris	Glanz
spoliare	berauben
sponte **mea sponte**	mit Willen, Erlaubnis meinetwegen, ich freiwillig
stare (sto, steti, staturus)	stehen
statim	sofort
statuere (statuo, statui, statutum)	aufstellen, feststellen
statura	Gestalt

studere (studeo, studui)	sich bemühen
studiosus, a, um	eifrig, interessiert
stultitia	Dummheit
suadere (suadeo, suasi, suasum)	raten, zureden
suavis, e	süß
sub (m. Akk.)	unter (wohin?)
sub (m. Abl.)	unter (wo?)
subducere (-duco, -duxi, -ductum)	entziehen, wegnehmen
subicere (-icio, -ieci, -iectum)	unterwerfen
subire (-eo, -ii, -iturus)	unternehmen, auf sich nehmen
subito	plötzlich
subvertere (-verto, -verti, -versum)	umstürzen
succedere (-cedo, -cessi, cessum)	nachfolgen, übernehmen, gelingen
summus, a, um	der höchste
super (m. Akk.)	über … hin
superare	besiegen
superbia	Stolz
superbus, a, um	hochmütig, stolz
superstitio, -ionis	Aberglaube
supra (m. Akk.)	oberhalb
supplicium	Strafe, Hinrichtung
supremus, a, um	der höchste, letzte
suscipere (-cipio, -cepi, -ceptum)	aufnehmen, unternehmen
suspicari	vermuten
suspicio, -ionis	Verdacht
suus, a, um	sein
syllaba	Silbe

T

tabellarius	Briefbote, Sekretär
tacere (taceo, tacui, taciturus)	schweigen
talis, e	so beschaffen
tamen	dennoch
tametsi	obwohl
tantus, a, um	so groß
taurus	Stier
tectum	Dach, Haus
tellus, -uris	Erde
temperare	ordnen, lenken, sich enthalten, schonen, mäßigen
templum	Tempel
tempus, -poris	Zeit
tener, tenera, tenerum	zart
tenere (teneo, tenui, tentum)	halten
teres, teretis	gedreht, rund, fein
terra	Erde, Land
terrere (terreo, terrui, territum)	erschrecken
thesaurus	Schatz
timere (timeo, timui)	fürchten
tolerare	ertragen
tollere (tollo, sustuli, sublatum)	aufheben, beseitigen
tot	so viele
totus, a, um	ganz
tradere (-do, -didi, -ditum)	übergeben, überliefern
traicere (-icio, -ieci, -iectum)	hinüberwerfen, hinüberbringen
trans (m. Akk.)	über, jenseits
transire (-eo, -ii, -iturus)	überschreiten
trecenti	300
tribuere (tribuo, tribui, tributum)	zuteilen
triginta	30
tristis, e	traurig
tum	da, dann, damals
tutari	schützen
tyrannus	Alleinherrscher

U

ubi	wo, sobald
ubique	überall
ultimus, a, um	der äußerste, letzte
unda	Welle
unus, a, um	ein, einzig
urbs, urbis	Stadt
usque ad (m. Akk.)	bis zu
ut	wie
	dass, damit, so dass
utilis, e	nützlich
utinam	dass doch, hoffentlich

V

vagari	umherziehen, wandern
vagus	unruhig, wandernder Student
valde	sehr
valere (valeo, valui)	gesund sein
valetudo, -dinis	Gesundheit
vallis, -is	Tal
varius, a, um	verschieden, bunt
vastus, a, um	öde, weit
vaticinari	weissagen
vegetus, a, um	lebhaft
vel	oder
velare	verhüllen
velle (volo, volui)	wollen
velox, velocis	schnell
venari	jagen
vendere (vendo, vendidi, venditum)	verkaufen
venia	Nachsicht, Verzeihung
veniam dare	verzeihen
venire (venio, veni, ventum)	kommen
ver, veris	Frühling
verbum	Wort
veritas, -tatis	Wahrheit
vero	aber
verruca	Warze
versari	verweilen, sich aufhalten
versus, -us	Vers
vertere (verto, verti, versum)	drehen, wenden
verus, a, um	wahr
vesci (vescor)	sich ernähren
vetare (veto, vetui, vetitum)	verbieten
vetus, veteris	alt
vexare	quälen
via	Weg, Straße
vicinus, a, um	benachbart
victor, -oris	Sieger
vicus	Dorf, Gasse
videre (video, vidi, visum)	sehen
vigilare	wachen
vigilia	Nachtwache
villa	Landhaus
vincere (vinco, vici, victum)	siegen
vinum	Wein
vir, viri	Mann
virtus, -tutis	Tüchtigkeit, Leistung Tugend
vis (vim, vi)	Kraft, Gewalt, Menge
vires, -ium	Kräfte, Streitkräfte
visere (viso, visi)	genau anschauen
visitare	besuchen
visitator, -toris	Besucher, Betrachter
vita	Leben
vitare	meiden
vitium	Fehler
vituperare	tadeln
vituperatio, -ionis	Tadel
vivere (vivo, vixi, victurus)	leben
vivus, a, um	lebendig
vix	kaum
vocare	rufen, nennen
volare	fliegen, eilen
voluntas, -tatis	Wille
voluptas, -tatis	Vergnügen
vulgus	Volk, Menge
vulnus, -eris	Wunde

A

N

O

P

R

S

V

W

Z

Nach dem Heraustrennen bitte hier klammern

mentor Lernhilfe

Latein

3./4. Lernjahr

Satzbau mit System

Gerhard Metzger
Hedwig Rehn

Lösungsteil

(an der Perforation heraustrennen)

Lösungen Teil A

Übung A 1
S. 9

ich	*clamo* = ich schreie, *dixi* = ich habe gesagt, *fateor* = ich bekenne, gebe zu, *sum* = ich bin
du	*fuisti* = du bist gewesen, *laudaris* = du wirst gelobt, *vocas* = du rufst
er, sie, es	*dixit*, *inquit* = er sagte, *queritur* = er klagt
wir	*audivimus* = wir hörten, *loquimur* = wir sagen, *narrabamus* = wir erzählten
ihr	*respondistis* = ihr habt geantwortet, *pollicemini* = ihr versprecht, *tacetis* = ihr schweigt, ihr sagt nichts
sie	*consentiunt* = sie sind einverstanden, sie stimmen zu, *rogarent* = sie würden fragen, *mentiuntur* = sie lügen

Übung A 2
S. 10

audire	audio	audivi	auditum	hören
bibere	bibo	bibi	–	trinken
cadere	cado	cecidi	casurus	fallen
consentire	consentio	consensi	consensum	übereinstimmen
currere	curro	cucurri	–	laufen
dicere	dico	dixi	dictum	sagen
fateri	fateor	fassus sum	–	bekennen
gemere	gemo	gemui	–	stöhnen
loqui	loquor	locutus sum	–	sprechen
mentiri	mentior	mentitus sum	–	lügen
polliceri	polliceor	pollicitus sum	–	versprechen
queri	queror	questus sum	–	klagen
respondēre	respondeo	respondi	responsum	antworten
tacēre	taceo	tacui	–	schweigen

A + B

Lösungen Teil B

Übung B 1
S. 12

Ich sehe …

… einen Weg/Wege, einen Mann/Männer, ein Dach/Dächer, einen Wagen/Wagen, einen Menschen/Menschen, ein Sternbild/Gestirne, ein Gesicht/Gesichter

Übung B 2
S. 12

	a-Deklination	o-Dekl. (Mask.)	o-Dekl. (Neutr.)	u-Dekl.	e-Dekl.
Sing.	viam	virum	tectum	currum	faciem
Plur.	vias	viros	tecta	currus	facies
	Konsonantische Dekl. (Mask.)		Kons. Dekl. (Neutr.)		
Sing.	hominem		sidus		
Plur.	homines		sidera		

B

Übung B 3
S. 12

Die Frau und die Henne

Mulier quaedam habuit gallinam, quae cottidie ovum pariebat aureum. Hinc magnam vim auri intus suspicari coepit et gallinam occidit.	Eine Frau hatte – eine Henne –, die täglich – ein goldenes Ei – legte. Daher begann sie – eine große Menge – Gold innen (in der Henne) zu vermuten und tötete – die Henne –.
Sed nihil aliud in ea repperit, nisi quod in aliis gallinis reperiri solet.	Aber sie fand darin – nichts anderes –, als – was – man in anderen Hennen normalerweise findet.
Itaque mulier maiores opes concupiscens etiam minores perdidit.	Deshalb verlor die Frau, weil sie – größere Schätze – wollte, – die kleineren –.

Übung B 4
S. 16

a) + b) Dass wir hier keine allgemein richtige Lösung angeben können ist doch klar.
Du kannst dir aber folgenden Spruch merken:
Der Akkusativ der Ausdehnung steht auf die Fragen:
„Wie hoch? Wie tief? Wie lang? Wie breit? Wie weit entfernt? Wie lange Zeit?"

Übung B 5
S. 17

adiuvare	adiuvo	adiuvi	adiutum	helfen
delere	deleo	delevi	deletum	zerstören
flere	fleo	flevi	fletum	weinen
dolere	doleo	dolui	–	leiden, trauern
horrere	horreo	horrui	–	starren, schaudern
iubere	iubeo	iussi	iussum	befehlen
ridere	rideo	risi	risum	lachen
venire	venio	veni	venturus	kommen
fallere	fallo	fefelli	–	täuschen
fugere	fugio	fugi	fugiturus	fliehen, meiden
proficisci	proficiscor	profectus sum	–	aufbrechen
sequi	sequor	secutus sum	–	folgen

Übung B 6
S. 20

Abschlusstest zum Akkusativ

Übersetzung der unterstrichenen Ausdrücke:

1. Alexander nennen wir den Großen – AcI: ... dass Philipp sich gerechter gezeigt hat
2. viele Jahrhunderte lang
   – sie hielten das Grab für unbekannt
4. Die Griechen verheimlichten den Bürgern den Ort
   – darüber informierte Touristen
5. Es freut uns jetzt
6. ... das bewundere ich am meisten
7. ... er verabscheute Grausamkeit –
   ... er ärgerte sich über das Unrecht der Soldaten
8. ... er lehrt uns wahre Menschlichkeit ... – dem er befohlen hatte ...
9. ... den Vater verachtend ... –
   klagte über sein Schicksal ... – er wollte Sohn des Jupiter genannt werden.

Übersetzung des gesamten Textes:

1. Alexander nennen wir den Großen, aber bei Cicero lesen wir, dass sich Philipp als der Gerechtere gezeigt hat.
2. Viele Jahrhunderte lang meinten die Wissenschaftler, das Grab von Philipp sei unbekannt.
3. Vor wenigen Jahren aber wurde dieses Grab entdeckt.
4. Die Griechen ließen die Öffentlichkeit zunächst im Unklaren über die Fundstelle, damit nicht Touristen, die davon erfahren hatten, die Ausgrabungsarbeiten störten.
5. Zu unserer Freude sehen wir jetzt das Grab und den ganzen Schatz im Museum ausgestellt.
6. Philipp hat berühmte Taten vollbracht, das aber bewundere ich ganz besonders:
7. Nach dem Sieg über die Athener verabscheute er Grausamkeit und war sehr verärgert über ungerechte Übergriffe der Soldaten.
8. Philipp lehrt uns wahre Menschlichkeit.
   Er hatte immer einen Sklaven um sich, den er angewiesen hatte, täglich zu rufen: „Philipp, du bist (auch nur) ein Mensch."
9. Alexander verachtete seinen Vater und klagte über sein Schicksal. Deshalb wollte er Sohn des Jupiter genannt werden.

Übung B 7
S. 21

Genitiv „wessen?"

Singular	Plural
feminae	feminarum
viri	virorum
tecti	tectorum
rei	rerum
casus	casuum
hominis	hominum

Dativ „wem?"

Singular	Plural
feminae	feminis
viro	viris
tecto	tectis
rei	rebus
casui	casibus
homini	hominibus

Ablativ „wodurch?"

Singular	Plural
femina	feminis
viro	viris
tecto	tectis
re	rebus
casu	casibus
homine	hominibus

Die unterstrichenen Formen sind, wie du siehst, mehrdeutig. Hier musst du also besonders aufpassen.

B

Übung B 8
S. 24

dare	do	dedi	datum	geben
tradere	trado	tradidi	traditum	übergeben, überliefern
praebere	praebeo	praebui	praebitum	hinhalten, gewähren
praestare	praesto	praestiti	–	voranstehen, übertreffen; gewähren
praeficere	praeficio	praefeci	praefectum	an die Spitze stellen, voranstellen
tribuere	tribuo	tribui	tributum	zu-, einteilen
largiri	largior	–	–	schenken
committere	committo	commisi	commissum	begehen; anvertrauen
concedere	concedo	concessi	concessum	weichen, zugestehen
promittere	promitto	promisi	promissum	versprechen
permittere	permitto	permisi	permissum	überlassen, erlauben
ostendere	ostendo	ostendi	ostentum	zeigen, darlegen
favere	faveo	favi	fautum	begünstigen
parcere	parco	peperci	–	sparen, schonen
studere	studeo	studui	–	erstreben
invidere	invideo	invidi	invisum	beneiden
persuadere	persuadeo	persuasi	persuasum	überreden, überzeugen

Übung B 9
S. 26

1. Der Mensch ist nicht für sich allein geboren.
2. Ein guter König muss für seine Bürger sorgen.
3. Ein Haus ist für seine Herren gebaut, nicht für seine Mäuse.
4. Für dich pflügst du, für dich säst du, für dich erntest du.
5. Nicht nur für uns wollen wir reich sein, sondern für die Kinder, die Verwandten, die Freunde und am meisten für den Staat.
6. Für dich wünsche ich mir mein Glück.

Übung B 10
S. 27

Abschlusstest zum Dativ

Unterstrichen sind die Ausdrücke mit Dativ:

1. Druides apud Gallos in magno honore fuisse constat.
2. Omnibus druidibus praeerat unus; huic mortuo succedebat is, qui ceteris dignitate excellebat.
3. Illi sacerdotes bello non interesse consueverant; certo anni die in loco consecrato (= *heilig, geweiht*) conveniebant, ubi eis consuetudo cum deis erat, ut res futuras providere possent.
4. Civibus magno usui erat, quod civitates legibus temperabant et aegrotis (aegrotus = *krank*) medebantur.
5. Galli, quibus controversiae (= *Streitigkeiten*) erant, druides consulebant et decretis eorum parebant.
6. Multi adulescentes huic disciplinae studebant.
7. Cum Galli autem nihil litteris mandarent, hi iuvenes magnum numerum versuum (versus, us = *Vers*) ediscere debebant.
8. Qua de causa ars druidum nobis ignota est; sed eis persuasum erat animas immortales esse et deos rebus humanis consulere.

Übersetzung:
1. Die Druiden wurden bekanntlich bei den Galliern hochverehrt.
2. An der Spitze aller Druiden stand ein Einziger; nach dessen Tod folgte ihm der, der sich vor allen Übrigen durch Würde auszeichnete.
3. Diese Priester nahmen für gewöhnlich nicht am Krieg teil; an einem bestimmten Tag des Jahres versammelten sie sich an einem geweihten Ort, wo sie mit den Göttern in Verbindung standen, um so die Zukunft voraussehen zu können.
4. Für die Mitmenschen waren sie von großem Nutzen, weil sie die Gemeinden durch Gesetze lenkten und die Kranken heilten.
5. Gallier, die Streitigkeiten hatten, fragten die Druiden um Rat und gehorchten ihren Entscheidungen.
6. Viele junge Leute bemühten sich um diese Ausbildung.
7. Da die Gallier keine schriftlichen Aufzeichnungen hatten (nichts den Buchstaben anvertrauten), mussten diese Jungen eine große Zahl Verse auswendig lernen.
8. Deshalb ist das Wissen der Druiden für uns unbekannt; sie waren aber überzeugt, dass die Seelen unsterblich sind und die Götter sich um die Menschen und ihre Probleme kümmern.

B

Übung B 11
S. 30

oblivisci	obliviscor	oblitus sum	vergessen
uti	utor	usus sum	gebrauchen, (be)nutzen
frui	fruor	–	genießen
fungi	fungor	functus sum	ausüben, verrichten
vesci	vescor	–	sich ernähren
potiri	potior	potitus sum	sich bemächtigen
carere	careo	carui	frei sein, entbehren
egere	egeo	egui	Mangel haben, bedürfen

Übung B 12
S. 31

Abschlusstest zum Genitiv

Unterstrichene Genitivausdrücke:
1. quis vestrum — wer von euch
   studiosissimum veritatis — sehr bemüht um Wahrheit
2. magnam partem diei — einen großen Teil des Tages
   plurimum operae — sehr viel Mühe
   eruditione iuvenum — Erziehung der Jugend
3. cupidi gloriae et divitiarum — strebend nach Erfolg und Reichtum
   amorem sapientiae — Liebe zur Weisheit
   pluris ducere — höher schätzen
4. nusquam terrarum — nirgends auf der Welt
   societatem hominum — menschliche Gesellschaft
5. immemores Socratis beneficiorum — ohne an die Wohltaten von Sokrates zu denken
6. eo sultitiae — soweit in der Dummheit
7. impietatis accusatus — wegen Gottlosigkeit angeklagt
   iuris peritum — rechtskundig
8. Sapientis est — Kennzeichen für einen Weisen
   metu mortis — Angst vor dem Tod
9. metu hominum — Angst vor Menschen
   amore iustitiae — Liebe zur Gerechtigkeit
   capitis — zum Tode
10. huius facti — diese Tat

Übersetzung:
1. Wer von euch weiß nicht, dass Sokrates eifrig nach der Wahrheit suchte?
2. Er verbrachte einen großen Teil des Tages auf dem Markt und bemühte sich ganz besonders um die Erziehung der Jugend.
3. Er ermahnte sie, nicht nach Erfolg und Reichtum zu streben, sondern Menschlichkeit und die Liebe zur Weisheit höher zu schätzen.
4. Er lehrte, dass nirgends auf der Welt eine menschliche Gemeinschaft ohne Gesetze existieren könne.
5. Aber mehrere Bürger dachten nicht an die Verdienste des Sokrates, sie glaubten, die Jugendlichen werden durch ihn verdorben.
6. Zuletzt gingen sie so weit in ihrer Verbohrtheit, dass sie ihn vor Gericht brachten.
7. Als Sokrates wegen Gottlosigkeit angeklagt war, wollte er keinen Anwalt, sondern verteidigte seine Sache selbst.
8. Er sagte: „Es ist bezeichnend für einen Weisen, durch die Angst vor dem Tod nicht erschreckt zu werden.“
9. Die Richter aber hatten mehr Angst vor den Menschen als Liebe zur Gerechtigkeit und verurteilten ihn daher zum Tode.
10. Später bereuten die Athener diese Tat.

Übung B 13
S. 33

1.	Puella	gemit.		
	Subj. ←	Präd.		
2.	Caesar	Galliam	subiecit.	
	Subj. ←	Akk.-Obj. ←	Präd.	
3.	Cicero	coniugi	epistulam	scribit.
	Subj. ←	Dat.-Obj. ←	Akk.-Obj. ←	Präd.
4.	Donat	puer	puellae	fibulam.
	Präd.	→ Subj.	→ Dat.-Obj.	→ Akk.-Obj.
5.	Animus	praeteritorum	meminit.	
	Subj. ←	Gen.-Obj. ←	Präd.	
6.	Me	stultitiae meae	pudet.	
	Akk.-Obj. ←	Gen.-Obj. ←	Subj. + Präd.	
7.	Dictator	imperio	potitus est.	
	Subj. ←	Abl.-Obj. ←	Präd.	

Übung B 14
S. 34

1. carne; 2. Equi; 3. me; 4. Parentium; 5. Hominum infelicium; 6. domino; 7. te; 8. Voluptatibus; 9. magistratu

Lösungen Teil C

Übung C 1
S. 35

1. vetus – novum
2. parvis – caris
3. pretiosam – auream
4. carae – amatae
5. diligens – fidus

Übung C 2
S. 36

1. avari – vasta – aperta
2. ipsa – insanabilis
3. feri – barbari – hac – ipsa
4. molles – teneros – parvulorum – ferreo
5. nostros – occisos

Übung C 3
S. 38

a) *mulieris;*
b) Alle bewunderten die schwarzen Haare der Frau.
a) *solis;*
b) Die Strahlen der Sonne können an Glanz nicht übertroffen werden.
a) *animi – corporis;*
b) Die Güter des Geistes wird der Weise den Gütern des Körpers vorziehen.

Übung C 4
S. 39

1. a) *annorum novem;*
   b) Hamilkar nahm seinen Sohn Hannibal im Alter von neun Jahren mit sich nach Spanien.
2. a) *variorum colorum;*
   b) Das Kaspische Meer nährt buntfarbige Fische.
3. a) *minimae staturae;*
   b) Ein sehr kleiner Mann (von sehr kleiner Statur) wird nicht verachtet. Oder: Ein Mann wird nicht verachtet, nur weil er klein ist.
4. a) *minimae mentis;*
   b) Ein sehr geistloser Mann (von sehr wenig Geist) aber wird von vielen verachtet.

Übung C 5
S. 40

Cäsar (war von ...) hatte eine hohe Gestalt, eine helle Hautfarbe, kräftige Glieder, einen etwas zu vollen Mund, schwarze muntere Augen und eine gesegnete Gesundheit.

Übung C 6
S. 41

a) + b): *urbis – meorum – tui;*
Eine besondere Sehnsucht nach der Stadt, eine unglaubliche Sehnsucht nach den Meinen und vor allem nach dir hat mich erfasst (hält mich).

Übung C 7
S. 43

Abschlusstest Attribut

1. a) summae pietatis;
   Genitivus qualitatis
   b) Ein sehr frommer Priester hat das Opfertier geschlachtet.
2. a) diligens;
   adjektivisches Attribut
   b) Der gewissenhafte Sklave gibt den Pferden Wasser.
3. a) praeteritorum laborum;
   Genitivus obiectivus
   b) Angenehm ist die Erinnerung an vergangene Mühen.
4. a) hominum;
   Genitivus partitivus
   b) In der Stadt Rom wohnte eine Million Menschen.
5. a) excelsa statura;
   Ablativus qualitatis
   b) Cäsar hatte eine hohe Gestalt (war von ...).

C

Übung C 8
S. 44

Cicero: Cognomen;
equestri genere: Ablativus qualitatis
(Man könnte hier auch von einem so genannten Ablativus originis, einem Ablativ der Herkunft sprechen);
Volscorum: Genitivus possessivus;
eius: Genitivus possessivus;
extremo: adjektivisches Attribut;
similem: adjektivisches Attribut;
nobilissimorum nominum; Genitivus possessivus.

M. Tullius Cicero aus dem Ritterstand ist in Arpinum, das eine Volskerstadt ist, geboren. Einer von seinen Großvätern hatte eine Warze auf der Nasenspitze sitzen, dem Kügelchen einer Kichererbse ähnlich: Daher wurde der Beiname „Cicero" seiner Familie gegeben. Gewissen Leuten, die ihm rieten, er solle diesen Namen ändern, antwortete er: „Ich werde mir Mühe geben, dass dieser Beiname den Glanz der allervornehmsten Namen übertrifft."

Übung C 9
S. 45

Caecilia, Aemilia, Cornelia, Iulia, Tullia, Claudia, Valeria

C + D

Lösungen Teil D

Übung D 1
S. 48

breviter	brevius	brevissime
pulchre	pulchrius	pulcherrime
constanter	constantius	constantissime
facile	facilius	facillime
bene	melius	optime

Übung D 2
S. 48

2. publice
avarissime

Übung D 3
S. 49

a + b):
1. ubique;
überall
2. Suaviter;
Süß
3. multo sapientius;
viel weiser
4. Facilius – gravius – difficilius;
leichter – schwerer – schwieriger
5. Bene – recte;
gut – richtig
6. bene – bene;
gut – gut
7. infeste – ample;
gemein – prächtig

Übung D 4
S. 50

1. fame: an Hunger; 2. vituperatione: wegen des Vorwurfs; 3. vulneribus: wegen der Wunden; 4. Concordia … discordia: Aufgrund von Eintracht … durch Uneinigkeit.

Übung D 5
S. 51

1. a) *virtute ... muris;* 2. *vituperatione ... laude;* 3. *orationibus praeclaris*
b) 1. Die Römer schützten ihre Familien mit Tapferkeit, nicht mit Mauern. 2. Ein erfahrener Lehrer wird seine Schüler einmal durch Tadel, ein anderes Mal durch Lob lenken. 3. Cicero konnte durch seine glänzenden Reden das Volk immer überzeugen.

Übung D 6
S. 53

a) 1. Corintho
4. Asse ... binis assibus ...
5. Romae, ... ruri ... plurimo ... vico tuo ... minimo
6. ... domi ...

b) Übersetzung:
W: Woher kommst du?
T: Aus Korinth.
W: Bist du Grieche?
T: Ja.
W: Was willst du? Wein und Brot?
T: Was kostet es?
W: Du kannst für ein Ass was trinken, für zwei Ass bringe ich dir was Besseres.
T: Das ist zu teuer.
W: Du bist in Rom, nicht auf dem Land. Hier kostet das Vergnügen ziemlich viel. Und außerdem ist unsere Stadt viel schöner als dein Dorf.
T: Was sagst du da? In Korinth leben viele tausend Menschen und alles kann man dort sehr billig einkaufen.
W: Bei Herkules, warum bist du nicht zu Hause geblieben?

Übung D 7
S. 55

Unterstrichene Ausdrücke in Übersetzung:
1. ... aus nicht adeliger Familie; ...
sie unterschieden sich im Charakter.
2. ... der wenige Jahre ältere;
... durch Liebenswürdigkeit ...
3. ... würdig der höchsten Auszeichnungen;
... um seinetwillen oder für einen Freund ...
4. Städte, die vom Erdbeben betroffen waren ...;
günstig einkaufen ...;
durch Hunger zugrunde gingen ...
5. ... von einer Krankheit befallen;
... zu Fuß ...
6. ... im Vergleich zu dem keiner der römischen Kaiser die Christen grausamer verfolgte ...
7. von Natur aus ängstlich ...
... beunruhigt durch den kleinsten Verdacht
... befahl er hinzurichten ...

D

Übersetzung Gesamttext:

1. Vespasianus, der nicht aus einer adeligen Familie stammte, hatte zwei Söhne, die unterschiedliche Charaktereigenschaften hatten.
2. Titus, der wenige Jahre Ältere, zeichnete sich durch Liebenswürdigkeit aus.
3. Die Römer waren der Meinung, er habe wegen seiner Menschlichkeit die höchste Anerkennung verdient, weil er niemanden, der für sich oder einen Freund um Hilfe bat, ohne Hoffnung verabschiedete.
4. Er half den Städten, die vom Erdbeben betroffen waren, damit die Bewohner das Lebensnotwendige günstig kaufen konnten und nicht an Hunger starben. (Der Vesuvausbruch, der 79 n. Chr. Pompeji zerstörte, fällt in seine Amtszeit.)
5. Nach einem Brand in Rom ging er, obwohl er krank war, zu Fuß in die Stadt und versuchte, den Bürgern die Sorgen zu nehmen.
6. Nach dem Tod von Titus übernahm Domitian die Herrschaft, der grausam wie kein anderer römischer Kaiser die Christen verfolgte.
7. Er war von Natur aus ängstlich und reagierte auf den leisesten Verdacht; deshalb ließ er viele unschuldige Männer hinrichten.

D + E

Lösungen Teil E

Übung E 1
S. 58

deus *m*	dominus *m*
dea *f*	domina *f*
usus *m*	magister *m*
consuetudo *f*	magistra *f*

Übung E 2
S. 59

1. amicitiae : sempiternae;
2. deus : omnipotens;
3. Columnae : graciles, altae;
4. consilia : innocentia.

Übung E 3
S. 59

Ich war du, du wirst ich sein (d. h., auch du wirst einmal Asche sein, wie ich auch einmal Mensch war).

Übung E 4
S. 60

1. tyrannus, iustus tyrannus; 2. scutum; 3. bonus; 4. dives; 5. peiores homines; 6. vir fortissimus, vir clementissimus; 7. imperator; 8. Consules; 9. acerba, immatura; 10. benigni, grati.

Übung E 5
S. 60

werden	: fieri
geboren werden als	: nasci
genannt werden	: appellari
gerufen werden	: vocari
gewählt werden zu	: creari
ernannt werden zu	: declarari
scheinen	: videri
gelten als	: existimari
befunden werden als (= sich zeigen als)	: reperiri

Übung F 1
S. 63

a) 1. omnibus hominibus; 2. vobis; 3. Mihi; 4. Romanis; 5. agricolae

... im Dativ

b) 1. corpus; 2. Occultae inimicitiae; 3. res molestra; 4. res publica; 5. Ager frugifer

... bilden das Subjekt im Nominativ.

c) colendum, timendae, suscipienda, instituenda, colendus

... nach dem Subjekt

F

Übung F 2
S. 63

2. Heimliche Feindschaften sind für euch mehr zu fürchtende als offene.
3. Für mich war eine lästige Sache eine in Angriff zu nehmende.
4. Für die Römer wäre der Staat ein anders einzurichtender gewesen.
5. Ein fruchtbarer Acker ist für den Bauern ein zu bebauender.

Übung F 3
S. 63

1.–3. a) tolerandae; aperiendae; emendae

Übersetzung:
1. b) Du musst viele Mühseligkeiten ertragen.
2. b) Die Schüler müssen jetzt die Fenster öffnen.
3. b) Junge Leute sollen nicht nur Geld, sondern auch (wissenschaftliche) Bildung erwerben.

Übung F 4
S. 64

1. *colere corpus* – den Körper pflegen;
2. *timere inimicitias* – Feindschaften fürchten;
3. *suscipere rem molestam* – eine lästige Sache in Angriff nehmen;
4. *instituere rem publicam* – den Staat einrichten;
5. *colere agrum* – den Acker bebauen.

Übung F 5
S. 66

1. ... zur Bestattung.
2. ... zum Kuss.

Übung F 6
S. 66

1. zum Schließen und Öffnen der Pupillen; 2. zur Landverteilung; 3. zum leichteren Ertragen von Leiden; 4. Durch die Beseitigung des Aberglaubens.

Übung F 7
S. 68

1. Von den Römern hätte der Staat anders eingerichtet werden müssen. / Oder: Die Römer hätten den Staat anders einrichten müssen.
2. Ich musste eine lästige Sache in Angriff nehmen.
3. Jeder Mensch muss seinen eigenen Verstand benützen.
4. Du musst dich an deine Fehler erinnern.
5. Die Kräfte der Feinde dürfen niemals unterschätzt werden.
6. Cäsar übergab die toten Feinde ihren Angehörigen zur Bestattung.
7. Beim Genuss von Vergnügen ist es nicht erlaubt, Maß und Ziel zu überschreiten.
8. „Jetzt muss man trinken, jetzt muss mit befreitem Fuß die Erde gestampft werden, jetzt ...“

Übung F 8
S. 69

lavatum Gehen wir uns waschen!

Übung F 9
S. 70

1. Schreiben lernst du durch Schreiben, Reden durch Reden.
2. Durch (langes) Überlegen geht oft eine gute Gelegenheit vorbei.
3. Kein Alter ist zu spät zum Lernen.
4. Die Kinder gehen zum Spielen in den Garten hinaus.
5. Ein Lehrer, der die Kinder dauernd zwingt zu lernen, ist kein erfahrener Pädagoge.
6. Ein guter Lehrer gibt den Schülern Gelegenheit sich zu erholen.

Comic-Sprechblase: Hör auf! Diese Art zu segeln macht keinen Spaß.

F + G

Übung F 10
S. 70

a) prädikativ:
1. Über den Geschmack lässt sich nicht streiten.
2. Was zu beweisen war …
3. Wir müssen zuerst hören und dann etwas wagen/versuchen.
4. Die Soldaten müssen tapfer kämpfen.
5. In dieser Sache hast du nichts zu befürchten.
6. Was also ist zu tun?
7. Kinder dürfen nicht alles nachmachen.
8. Im Übrigen bin ich der Meinung, Karthago müsse zerstört werden.
9. Syrakus ist den Soldaten vom Feldherrn zur Plünderung überlassen worden.
10. Auch wenn die Kräfte fehlen, der (gute) Wille ist zu loben.

b) attributiv:
1. Ödipus ist als Säugling einem Hirten übergeben worden, damit der ihn tötet.
2. Die Römer haben ihre Kinder oft griechischen Sklaven zur Erziehung übergeben.
3. Die alten Schriftsteller haben uns viele Beschreibungen von sehr tapferen Männern zur Betrachtung und Nachahmung hinterlassen.
4. Brutus und Cassius planten, das Vaterland zu befreien.

Lösungen Teil G

Übung G 1
S. 72

1. Tiberium … non petentem;
   Akk.-Obj.
2. Aranti Quinctio Cincinnato;
   Dat.-Obj.
3. (ich) … legens
   Subj.

Übung G 2
S. 72

1. Alexander moriens …
2. Mendaci hominti … dicenti …
3. Amicum aegrotantem …
4. … malum nascens …

Übung G 3
S. 73

obwohl; während; sobald; als; wenn; weil; wenn

Übung G 4
S. 74

1. dann unterrichtete er Kinder; 2. dann übergehen wir es;
3. Vorher wurden die Karthager besiegt, dann beschlossen sie, den Krieg zu beenden.
4. Vorher wurden die Feinde besiegt, dann hat Cäsar sie geschont.
5. Vorher werden die Vermögen verstaatlicht, dann verteilen sie die Tyrannen unter sich.

Übung G 5
S. 74

nachdem; obwohl; als; wenn; sobald

Übung G 6
S. 76

1. Me … profecturum;
   Akk.-Obj.
2. Alexander … consulturus;
   Subj.
3. legatos … paraturos;
   Akk.-Obj.
4. Hostes … defensuri
   Subj.
5. adversariis … paraturis.
   Dat.-Obj.

G

Übung G 7
S. 76

als; weil; damit; damit (nur das Partizip Futur kann mit „damit" übersetzt werden); obwohl

Übung G 8
S. 77

2. a) Sehr viel übergehen wir, obwohl es uns vor die Augen gelegt ist.
   b) Sehr vieles, das uns vor die Augen gelegt ist, übergehen wird.
   c) Sehr vieles liegt uns vor Augen und wir übergehen es.
3. a) Als die Karthager besiegt waren, beschlossen sie den Krieg zu beenden.
   b) Die Karthager, die besiegt waren, beschlossen den Krieg zu beenden.
   c) Die Karthager wurden besiegt, und dann beschlossen sie den Krieg zu beenden.
   d) Erst nach der Niederlage beschlossen die Karthager den Krieg zu beenden.
4. a) Wenn ich Plato lese, muss ich den Tod des Sokrates beweinen.
   b) Ich lese Plato und muss dabei den Tod des Sokrates beweinen.
   d) Beim Lesen Platos muss ich den Tod des Sokrates beweinen.
5. a) Als Alexander im Sterben lag, übergab er seinen Ring dem Perdikkas.
   b) Alexander, der im Sterben lag, übergab seinen Ring dem Perdikkas,
   c) Alexander lag im Sterben und übergab seinen Ring dem Perdikkas.
   d) Im Sterben übergab Alexander seinen Ring dem Perdikkas.
6. a) Die Feinde flohen in ihre Städte, damit sie sich hinter Mauern verteidigen konnten.
   b) Die Feinde, die sich hinter Mauern verteidigen wollten, flohen in ihre Städte.
   d) Die Feinde flohen zur Verteidigung hinter Mauern in ihre Städte. (Beiordnung ist hier nicht möglich.)

Übung G 9
S. 79

2. sobald (temp. NS); 3. wenn (kond. NS); 4. als (temp. NS); 5. auch wenn (konz. NS)

Übung G 10
S. 80

Präpositionalausdruck und Beiordnung

Übung G 11
S. 80

1. semina arrosa; 2. non sitientes bibimus (wir trinken);
3. Cor laesum; 4. (Canicula exoriente).

Übung G 12
S. 82

Abschlusstest zum Ablativus absolutus

Unterstrichene Abl. abs.:

1. Alexander exploratis regionibus copias castris eduxit.
2. Philippo patre mortuo fines orbis terrarum petivit.
3. Alexandro duce milites ad ultimas gentes pervenerunt.
4. Pilatus convocatis principibus sacerdotum dixit: Nihil dignum morte actum est ab eo.
5. Militibus vigilantibus hostes non aggrediebantur.
6. Hieme redeunte plurimae aves avolant.
7. Romani Hannibale vivo numquam se sine insidiis futuros esse arbitrabantur.
8. Haec omnia facta sunt me invito.
9. Hostes signis nostris conspectis in munitiones se receperunt.
10. Servis morantibus dominus ipse ianuam aperuit.
11. Graeci ad ludos Olympicos profecti pacem observabant.
12. Viris Graecis ad ludos Olympicos profectis mulieres agros colebant.
13. Sepulcro aperto fures thesaurum invenerunt.
14. Domibus a tempestate deletis concursus hominum ad forum fit.
15. Rege milites suos hortato agmen arcem ascendit.
16. Imperatore condiciones pacis aspernato senatores indignati sunt.
17. Comitibus praecepta deorum oblitis Ulixes sollicitus erat.
18. Navibus deletis clamor fiebat.

Übersetzung:

1. Nach Erkundung der Gegend führte Alexander die Truppen aus dem Lager.
2. Nach dem Tod seines Vaters Philipp wollte er bis zu den Grenzen der Welt.
3. Mit Alexander als Anführer kamen die Soldaten zu weit entfernten Völkern.
4. Nachdem die Hohepriester zusammengerufen waren, erklärte Pilatus: Von diesem ist nichts getan worden, was die Todesstrafe verdiente.
5. Während die Soldaten Wache hielten, griffen die Feinde nicht an.
6. Mit Einsetzen des Winters fliegen die meisten Vögel fort.
7. Solange Hannibal lebte, glaubten sich die Römer nicht sicher vor Überfällen.
8. Dies alles geschah ohne meinen Willen.
9. Nachdem die Feinde unsere Feldzeichen gesehen hatten, zogen sie sich hinter die Verschanzungen zurück.
10. Weil die Diener so langsam waren, öffnete der Herr selbst das Tor.
11. Die Griechen, die zu den Olympischen Spielen gekommen waren, hielten Frieden.
12. Da die griechischen Männer zu den Olympischen Spielen gereist waren, versorgten die Frauen die Felder.
13. Nachdem das Grab geöffnet war, fanden die Diebe einen Schatz.
14. Als die Häuser von dem Unwetter zerstört waren, liefen die Menschen auf dem Marktplatz zusammen.
15. Nachdem der König seine Soldaten ermahnt hatte, stieg der Zug zur Burg hinauf.
16. Nachdem der Feldherr die Friedensbedingungen abgelehnt hatte, waren die Senatoren verärgert.
17. Da die Gefährten die Vorschriften der Götter vergessen hatten, war Odysseus sehr aufgeregt.
18. Nachdem die Schiffe zerstört waren, war das Geschrei groß.

G

Übung H 1
S. 85

Wunsch	für die **Gegenwart**	für die **Vergangenheit**
erfüllbar	Konj. Präsens	Konj. Perfekt
unerfüllbar	Konj. Imperfekt	Konj. Plusquamperfekt

Übung H 2
S. 86

Verben auf Beispiel:	-are amare	-ēre studere	-ire venire	–ĕre agere	esse
Konjunktiv Präsens	amem amemus, imitamur	studeam habeas	veniam	agam ignoscas	sim
Imperfekt	amarem	studerem	venirem rediret	agerem	essem possemus
Perfekt	amaverim	studuerim	venerim venerit	egerim functus sis	fuerim
Plusquam- perfekt	amavissem putavisset	studuissem	venissem	egissem credidissem	fuissem

Übung H 3
S. 87

1. sollte; 2. möchte; 3. dürfte nicht; 4. wird wohl; 5. Wer wird; 6. könnte; 7. Wahrscheinlich findest du; 8. verharrt wohl; 9. möchte ich

Übung H 4
S. 88

Wenn du die Natur (= das Verhalten) anderer oft nachahmst,
- könntest du deine eigene verlieren.
  (solltest du deine eigene verlieren: trifft den Sinn wenig).
- dürftest du deine eigene verlieren.
- verlierst du wohl deine eigene.

Übung H 5
S. 89

1. Kaum jemand hätte Cäsar an Begabung übertreffen können.
2. Niemand hätte diese Nachricht wohl für schrecklich halten können.

Übung H 6
S. 90

1. Hätte ich doch nie die Heimat verlassen! **(Optativ)**
2. Mögen mich die Freunde immer lieben, die Feinde immer meiden! **(Optativ)**
   (Die Freunde dürften mich immer lieben, die Feinde meiden.) **(Potentialis)**
3. Guten Göttern dürften wohl nur gute Menschen gefallen. **(Potentialis)**
4. Wenn ich dich gesehen hätte, hätte ich dich gefragt. **(Irrealis)**
5. Dass doch Gott allen Unsterblichkeit schenken wollte! **(Optativ)**
6. Wenn der Sklave nicht arbeiten würde, hätte er kein Essen. **(Irrealis)**
7. Möge die Freundin schon gekommen sein, möge ich sie sehen! Besser: Wenn doch … gekommen ist. Oder: … Hoffentlich ist … gekommen, hoffentlich sehe ich sie. **(Optativ)**
   Die Freundin könnte kommen, ich könnte sie vielleicht sehen. **(Potentialis)**
8. Wer hätte wohl dem grausamen Tyrannen verzeihen können? **(Potentialis)**

Lösungen Teil I

Übung I 1
S. 94

1. Ich höre dich Armen schrecklich schreien.
2. Ich weiß, dass alle Menschen sterblich sind.
3. Der Lehrer hat sich beklagt, dass die Schüler nicht alles Notwendige lernen.

Übung I 2
S. 98

Präsens	Perfekt	Futur	
laudare *monere* *audire* *regere*	*laudavisse* *monuisse* *audivisse* *rexisse*	*laudaturum, am, um esse* *moniturum, am, um esse* *auditurum, am, um esse* *recturum, am, um esse*	**Aktiv**
laudari *moneri* *audiri* *regi*	*laudatum, am, um esse* *monitum, am, um esse* *auditum, am, um esse* *rectum, am, um esse*	*laudatum iri* *monitum iri* *auditum iri* *rectum iri*	**Passiv**

Übung I 3
S. 100

Alle Römer wundern sich, dass der berühmte Feldherr unter einem Baum begraben worden ist.
Ein kluger Knabe weiß den Grund: Der Feldherr sei gestorben, deshalb sei er unter dem Baum begraben worden.

Lösungen Teil J

Übung J 1
S. 103

a) 2. Hast du Homers Werke schon gelesen?
   3. Kannst du zehn Stunden ohne Pause/Ruhe arbeiten?
b) 2. Du hast uns verraten! Wagst du (etwa) das zu leugnen?
   3. Hast du etwa Gott selbst schon gesehen?
c) 2. Habe ich nicht gesagt, dass dies geschehen wird?
   3. Wollen die Dichter nicht nach ihrem Tod berühmt werden?

Übung J 2
S. 106

Vergleiche die Übersetzung am Anfang des Kapitels (S. 101).

Lösungen Teil K

Übung K 1
S. 110

Hauptsatz		Nebensatz
Präsens oder Futur	**Gleichzeitigkeit**	Konj. **Präsens**
	Vorzeitigkeit	Konj. **Perfekt**
Präteritum	**Gleichzeitigkeit**	Konj. **Imperfekt**
	Vorzeitigkeit	Konj. **Plusquamperfekt**

Übung K 2
S. 111

a) ob
b) -ne, nonne, num, -ne, utrum

Übung K 3
S. 111

1. Der Lehrer fragt dich, ob du die Werke Homers schon gelesen hast.
2. Ich habe gefragt, ob ich etwa nicht gesagt habe, dass dies geschehen würde.
3. Niemand weiß, ob es einen Himmel gibt oder unzählige.
4. Schreib uns, ob du studierst oder auf die Jagd gehst.

Übung K 4
S. 115

1. Als Alexander den ganzen Erdkreis unterworfen hatte, ist er gestorben. **(temp.)**
2. Ich studierte, während du auf die Jagd gingst. **(adv.)**
3. Obwohl wir dich nicht lieben, bewundern wir dich dennoch. **(konz.)**
4. Sokrates wollte dem Tod nicht entfliehen, weil er ein glückliches Leben nach dem Tod erwartete. **(kaus.)**

K

Übung K 5
S. 115

1. Indem ich dich anschaue, ermahne ich dich. **(cum coincidens)**
2. Die Bürger waren ungehalten, jedes Mal wenn sie Sokrates befragte. **(cum iterativum)**
3. Wir lagen beim Gastmahl zu Tisch, als plötzlich ein Sklave hereinstürzte. **(cum inversum)**

Übung K 6
S. 116

1. licebit – **(Indikativ)** Was ist das jedes Mal für ein schöner Tag, wenn ich die Schule verlassen darf!
2. nactus ero – **(Indikativ)** Ich werde dir dann ausführlicher schreiben, wenn ich mehr Ruhe habe.
3. coeperat – **(Indikativ)** Sobald der Sommer begonnen hatte, reisten die Römer aufs Land.
4. lego – **(Indikativ)** Meine Augen füllen sich mit Tränen, immer wenn ich dieses Gedicht lese.
5. venit – **(Indikativ)** Ich hatte kaum deinen Brief gelesen, als plötzlich Curtius zu mir kam.
6. coeperunt – **(Indikativ)** Die Nachhut war gerade über die Verschanzungen hinaus, als die Gallier den Kampf begannen.
7. tradis – **(Indikativ)** Das machst du hervorragend, wenn du die Wörter der lateinischen Sprache auswendig lernst.
8. confitetur – **(Indikativ)** Indem der Angeklagte schweigt, gibt er das Verbrechen zu.
9. appropinquarent – **(Konjunktiv)** Als die Perser sich Attica näherten, verließen die Athener die Stadt.
10. nuntiata esset – **(Konjunktiv)** Nachdem die Niederlage nach Rom gemeldet worden war, war die Angst so groß wie zu Zeiten Hannibals.
11. esset – **(Konjunktiv)** Cicero verteidigte Milo, da er sein Freund war.
12. subisset – **(Konjunktiv)** An diesen Tagen war trotz schönen Wetters das Licht gering, weil der Mond vor die Sonnenscheibe getreten war.
13. esset – **(Konjunktiv)** Obwohl Milo von vielen gehasst wurde, wurde er von Cicero nicht verlassen.
14. defensus esset – **(Konjunktiv)** Obwohl Milo von Cicero verteidigt wurde, wurde er nicht freigesprochen.
15. sint – **(Konjunktiv)** Allein der Mensch hat Vernunft, während die übrigen Lebewesen keine haben.
16. haberent – **(Konjunktiv)** Die Anzahl unserer Reiter war bei 5000, während die Feinde nicht mehr als 800 hatten.

17. datum est – **(Indikativ)** Die Seeräuber trieben sich gerade damals, als Pompejus der Auftrag zum Seekrieg übergeben wurde, auf dem ganzen Mittelmeer herum.
18. adfui – **(Indikativ)** Indem ich dir bei der Arbeit geholfen habe, habe ich mich als dein Freund gezeigt.
19. dedit – **(Indikativ)** Ich hatte gerade einen Brief unterschrieben, als mir der Sekretär deinen Brief brachte.
20. **Besonderheit:** kein Nebensatz, *cum -tum* als verstärktes *et-et:*
    Als Folge von Cäsars Sieg entstanden einerseits viele Übel, aber ganz sicher gab es von da an einen Tyrannen.

Übung K 7
S. 118

1. (konsekutiv)
   Ich sah einen Mann so schnell laufen, dass er alle überholte.
2. (final)
   Die Gallier schickten Gesandte nach Rom, (die die gefassten Beschlüsse dort melden sollten) damit sie die gefassten Beschlüsse dort meldeten.
3. Hier handelt es sich um einen Relativsatz mit **konsekutiver** Färbung.
   Übersetzung: Ich bin so veranlagt, dass ich nichts nur wegen meines eigenen Nutzens tue (= aus bloßem Egoismus).

Übung K 8
S. 120

- Alexander wollte den Jupiter aufsuchen, der – wie er glaubte – sein Vater war.
- Alexander wollte Jupiter aufsuchen, von dem er glaubte, dass er sein Vater sei.
- Alexander wollte Jupiter aufsuchen, der nach seiner Überzeugung sein Vater war.

Lösungen Ausblick: Die indirekte Rede

Übung I
S. 122

Hannibal sagte, der Knabe Scipio werde ihn niemals besiegen. Er habe schon viele Männer überwunden. Er werde Scipio, wenn jener anzugreifen wage, in die Meeresfluten jagen. Wer sei Scipio schon.
Er solle sich in den Schoß seiner Mutter flüchten.

Übung II
S. 122

Ariovist antwortete auf Cäsars Forderungen [erg.: nur] kurz (mit wenigen [erg.: Worten]): Er habe den Rhein nicht aus eigenem Antrieb überquert, sondern auf Bitte und Einladung der Gallier hin. Die Freundschaft mit dem römischen Volk müsse ihm Ehre und Schutz bringen, nicht einen Nachteil, und in dieser Hoffnung habe er sie gesucht. Er sei früher nach Gallien gekommen als das römische Volk, niemals zuvor (niemals vor diesem Zeitpunkt) habe das Heer des römischen Volkes die Grenzen der Provinz Gallien überschritten. Was wolle er (Cäsar) von ihm (Ariovist), warum dringe er in seine Besitztümer ein? Dieses Gallien sei seine Provinz so wie jenes die unsere … Er müsse vermuten, dass Cäsar eine Freundschaft vortäusche und das Heer [erg.: nur deshalb] in Gallien habe, um ihn zu unterdrücken. Wenn er aber abziehe und ihm (Ariovist) den freien Besitz Galliens übergebe, werde er ihn (Cäsar) mit einer großen Belohnung beschenken und alle Kriege, die er (Cäsar) geführt haben wolle, ohne jede Anstrengung und Gefahr für ihn (Cäsar) vollenden …